Klaus-Dieter Tillmann

DFÜ
Datenfernübertragung im Apple-Pascal-System

Anwendung von Mikrocomputern

Herausgegeben von Dr. Harald Schumny

Die Buchreihe behandelt Themen aus den vielfältigen Anwendungsbereichen des Mikrocomputers: Technik, Naturwissenschaften, Betriebswirtschaft. Jeder Band enthält die vollständige Lösung von Problemen, entweder in Form von Programmpaketen, die der Anwender komplett oder in Teilen als Unterprogramme verwenden kann, oder in Form einer Problemaufbereitung, die dem Benutzer bei der Software- und Hardware-Entwicklung hilft.

Band 1 **Digitale Regelung mit Mikroprozessoren**
von Norbert Hoffmann

Band 2 **Wahrscheinlichkeitsrechnung, Statistik**
von Dietmar Herrmann

Band 3 **Mathematische Routinen VC-20 (Elektrotechnik/Elektronik)**
von Ernst-Friedrich Reinking

Band 4 **Numerische Mathematik**
von Dietmar Herrmann

Band 5 **Video-Textverarbeitung (TI-99/4A und VC-20)**
von Arnim und Ingeborg Tölke

Band 7 **Getriebelehre mit dem Mikrocomputer (SHARP PV-1500A)**
von Hans Bürde

Band 8 **Dienstprogramme für VC-20, Commodore 64 und Executive SX 64**
von Ernst-Friedrich Reinking

Band 9 **Gelenkgetriebe-Konstruktion mit Kleinrechnern (HP Serie 40 und 80)**
von Kurt Hain und Harald Schumny

Band 10 **Angewandte Matrizenrechnung**
von Dietmar Herrmann

Band 12 **Lineare Optimierung**
von Harald Luther

Band 13 **Interfacing im Apple-Pascal-System**
von Klaus-Dieter Tillmann

Band 14 **DFÜ – Datenfernübertragung im Apple-Pascal-System**
von Klaus-Dieter Tillmann

Anwendung von Mikrocomputern Band 14

Klaus-Dieter Tillmann

DFÜ Datenfernübertragung im Apple-Pascal-System

Mit 23 Abbildungen

Friedr. Vieweg & Sohn Braunschweig/Wiesbaden

CIP-Kurztitelaufnahme der Deutschen Bibliothek

Tillmann, Klaus-Dieter:
DFÜ – Datenfernübertragung im Apple-Pascal-
System / Klaus-Dieter Tillmann. – Braunschweig;
Wiesbaden: Vieweg, 1986.
(Anwendung von Mikrocomputern; Bd. 14)
ISBN 978-3-528-04446-6 ISBN 978-3-322-88834-1 (eBook)
DOI 10.1007/978-3-322-88834-1
NE: GT

Apple® ist ein eingetragenes Warenzeichen der Apple Computer, Inc.

Das in diesem Buch enthaltene Programm-Material ist mit keiner Verpflichtung oder Garantie irgendeiner Art verbunden. Der Autor übernimmt infolgedessen keine Verantwortung und wird keine daraus folgende oder sonstige Haftung übernehmen, die auf irgendeine Art aus der Benutzung dieses Programm-Materials oder Teilen davon entsteht.

1986

Umschlaggestaltung: Peter Lenz, Wiesbaden

ISBN 978-3-528-04446-6

Vorwort

In diesem Buch wird die Hardware für ein serielles Interface mit dem ACIA 6551 und für einen Akustik-Koppler mit dem World-Chip Am 7910 beschrieben. Es wird ein komplettes Pascal-Programm vorgestellt, das alle Anforderungen an eine Datenfernübertragung erfüllt.

Für den Akustik-Koppler müssen die Bestimmungen der Deutschen Bundespost eingehalten werden. Sehen Sie hierzu den Anhang mit den postalischen Bestimmungen.

Die hier benutzten Schaltungen für die Schnittstelle und den Akustik-Koppler sind sehr einfach im Aufbau und auch für Bastler mit mittlerem Erfahrungsschatz geeignet.

Als Programmiersprache dient Pascal und zu einem kleinen Teil Assembler. Pascal hat den Vorteil, daß die Programmteile wie Blöcke aneinander gehängt werden können. Außerdem ist Pascal heute an Gymnasien am weitesten verbreitet. Als Betriebssystem wird das Apple-Pascal-System verwendet. Jedoch lassen sich von der Hardware als auch von der Software her alle 6502-Rechner benutzen.

Die Datenübertragung von Mikrocomputern untereinander und zwischen „Micros" und Großrechenanlagen gewinnt immer größere Bedeutung. Der Bedarf gerade bei Schülern und in der „Provinz" lebenden Computer-Besitzern ist nicht zu übersehen. Ich möchte diesem Personenkreis eine komplette Anleitung mit einem seit einem Jahr erprobten Programm geben.

Die serielle Schnittstelle eignet sich zusätzlich, eine elektronische Schreibmaschine, einen Drucker oder einen Plotter anzusteuern. Hierauf möchte ich in diesem Buch jedoch nicht eingehen.

Bei der Benutzung des öffentlichen Telefonnetzes möchte ich den Leser eindringlich auf die Bestimmungen der Deutschen Bundespost hinweisen. Im Anhang finden sich Auszüge aus den einschlägigen Bestimmungen. Der nach der vorgestellten Schaltung aufgebaute Akustik-Koppler sollte daher nur als Anschauung zur Funktionsweise dienen. Bei der Benutzung in Verbindung mit dem Telefonnetz sollte auf die FTZ-Nummer des Gerätes geachtet werden. An dieser Stelle ist nur daran gedacht, Daten über eine Haussprechanlage zu übertragen.

Die Datenfernübertragung ist in letzter Zeit etwas in Verruf geraten. Sogenannte „Hacker" dringen illegal in Datennetze ein oder schädigen andere Teilnehmer. Durch die Praktiken eines kleinen Teils der ansonsten ehrlichen Computeranwender sollten wir uns nicht abhalten lassen, mit gleichgesinnten Freunden Programme und Daten auszutauschen.

An Hardware setzt dieses Buch einen Apple II mit einem Laufwerk voraus. Die 80-Zeichen-Karte wird benutzt, durch kleine Änderungen kann jedoch auch die 40-Zeichen-Darstellung aktiviert werden.

Berlin, im August 1985 *K. Tillmann*

Inhaltsverzeichnis

1 Der Aufbau dieses Buches

Dieses Buch gliedert sich in sechs Teile:

1. Hardware: Serielle Schnittstelle
2. Beschreibung des ACIA 6551
3. Beschreibung der V.24-Schnittstelle
4. Akustik-Koppler
5. Software: Pascal-Programm zur DFÜ
6. Gesetzliche Bestimmungen und Anwendung in Datensystemen.

Die Beschreibung der Hardware berücksichtigt alle Funktionen der benutzten ICs. Alle Einzelfunktionen können getestet werden. Für den Test der seriellen Schnittstelle werden geeignete Programme vorgestellt.

Der ACIA 6551 bildet das Herz der seriellen Schnittstelle. Seine Funktionsweise, seine Register werden beschrieben. Softwaremäßig lassen sich die Parameter der Datenübertragung wie Stop-Bits, Datenbits und Übertragungsgeschwindigkeit einstellen.

Die V.24-Schnittstelle ermöglicht die Verbindung zweier Rechner über längere Strecken. Es werden die Belegungen und Verbindungen beschrieben. Das Buch beschreibt, wie durch die Frequenzmodulation über das Telefon eine einwandfreie Übertragung erfolgen kann.

Die Schaltung des Akustik-Kopplers muß folgende Kriterien erfüllen:

a) unkritischer Aufbau, d.h. Benutzung eines hochintegrierten ICs,
b) einfacher Test und
c) unproblematische Benutzung (z.B. Temperaturstabilität, Anzeige der Trägerfrequenzen und der übertragenen Daten).

Nach eigenen fehlgeschlagenen Versuchen mit herkömmlicher Erzeugung und Modulation der beiden benötigten Frequenzen hat sich der Aufbau mit dem World-Chip Am 7910 als einfach und unkritisch erwiesen.

Das Anwenderprogramm ist in einzelne Prozeduren untergliedert, die jeweils eine bestimmte Aufgabe übernehmen. Hierdurch kann auch ein sehr langes Programm noch verständlich beschrieben und überschaut werden.

Der Anhang enthält eine Zusammenstellung der wichtigsten postalischen Bestimmungen und eine kurze Beschreibung einiger öffentlich zugänglicher Datennetze.

Das Anwenderprogramm zur DFÜ nimmt den größten Teil des Buches ein. Es ist aus vielen Gründen in Pascal geschrieben. Die Sprache Pascal und das Apple-Pascal-Betriebssystem werden als bekannt vorausgesetzt. Im Anhang finden Sie eine Auflistung ausgezeichneter Einführungen in diese Sprache.

Um auf bestimmte Speicher des ACIA 6551 eingehen zu können, müssen zwei Assembler-Programme benutzt werden, die die BASIC-Befehle PEEK und POKE simulieren. Es genügt, wenn der Benutzer ihre Funktion kennt. Ein Einstieg in das Pascal-Assembler-System ist nicht erforderlich.

Einige Rechner besitzen bereits eine eingebaute serielle Schnittstelle (z.B. der BASIS 108). Weitverbreitet sind die Karten AP2 und AP9 der Firma IBS in Bielefeld. Auf diese Rechner bzw. Karten gehe ich im Kapitel 22 ein.

Ich wünsche dem Leser viel Spaß bei der erfolgreichen Datenübertragung.

2 Hardware: Das Interface mit dem ACIA 6551

Jedes Interface wird durch drei Leitungssysteme, die auch Busse heißen, gesteuert:
a) durch den Adreßbus,
b) durch den Datenbus und
c) durch den Steuerbus.

Der Mikroprozessor (CPU) muß die Adressen der Speicher und die Adressen der peripheren Geräte (Drucker etc.) ansprechen können. Hierzu stehen ihm 16 Adreßleitungen zur Verfügung. Mit 16 Leitungen kann man 2 exp 16 = 64 Kbyte Adressen ansprechen. Ein solches Leitungssystem, auf dem Signale hin und her pendeln, heißt Bus. Der Adreßbus ist jedoch immer nur in eine Richtung gerichtet: von der CPU weg zu den Speichern oder zu den peripheren Geräten. Man sagt, der Bus ist unidirektional. Von den vielen Möglichkeiten der Adressierung benötigen wir nur 4, da der ACIA 6551 nur 4 Speicher besitzt. 4 Speicher kann man mit 2 Leitungen ansprechen. Von den 16 Leitungen des Adreßbusses werden nur 2 angeschlossen: A0 und A1. Da diese beiden Adreßleitungen von der CPU auch anderweitig benutzt werden, haben sie für das Interface nur dann eine Bedeutung, wenn zusätzlich eine Steuerleitung aktiv wird (s.u. Steuerbus).

Der Mikroprozessor stellt die zu übertragenden Daten in paralleler Form zur Verfügung. Dies bedeutet, daß die 8 Datenbits zur gleichen Zeit am Datenbus gesetzt sind. Der Datenbus besteht aus 8 Leitungen, die von der CPU zu den peripheren Geräten und zu den Speichern führen. Der Datenbus hält diese Daten nur für einen sehr kurzen Zeitraum, eine millionstel Sekunde (1 µs), das ist ein Taktzyklus. Kurz darauf verrichtet die CPU andere Arbeiten, so daß der Datenbus mit anderen Daten gefüllt ist. Auf dem Datenbus können Daten von der CPU weg zu den Speichern und zu den peripheren Geräten fließen, umgekehrt jedoch auch. Man sagt, der Datenbus ist bidirektional. Damit nicht im falschen Moment Daten auf den Datenbus geschrieben werden, muß dieser von den peripheren Geräten durch einen Puffer getrennt sein, der die Daten im richtigen Moment nur in die richtige Richtung durchläßt. Der ACIA 6551 hat diese Puffer integriert, so daß wir uns nicht um sie zu kümmern brauchen.

Ein Interface muß also erkennen, wann die von der CPU zur Verfügung gestellten Daten für das Interface bestimmt sind. Hierzu gibt es zwei Steuersignale: $\overline{\text{CHIP SELECT}}$ und $\overline{\text{I/O SELECT}}$. Diese beiden Signale stehen in den "Slots" eins bis sechs zur Verfügung. Der Querstrich bedeutet, daß die Signale aktiv sind, wenn der Pegel "low" ist. Nur wenn diese Signale auf "low" liegen und das READ/$\overline{\text{WRITE}}$-Signal den entsprechenden Wert besitzt, ist ein Interface in einem bestimmten Slot angesprochen. Nur dann darf es über die Daten des Datenbusses verfügen bzw. Daten auf den Datenbus schreiben.

Wählt die CPU die Adressen $Cn00 bis $CnFF an, so geht das Signal $\overline{\text{I/O SELECT}}$ von hohem Pegel auf niedrigen. Wird eine Adresse im Bereich $C0n0 bis $C0nF gewählt, so geht $\overline{\text{CHIP SELECT}}$ für einen kurzen Moment auf "low". Hierbei bedeutet n jeweils die um 8 vergrößerte Slot-Nummer, für Slot 2 also n=10 oder $A hexadezimal. Wir werden nur das $\overline{\text{CHIP SELECT}}$-Signal benutzen. Das System zusätzlicher Kontroll- und Steuerleitungen heißt Steuerbus. Der Steuerbus besteht in unserem Fall aus den Leitungen $\overline{\text{CHIP SELECT}}$, $\overline{\text{I/O SELECT}}$, READ/$\overline{\text{WRITE}}$ und weiteren Leitungen, die wir später betrachten werden. Hierzu gehören die Leitungen $\overline{\text{RESET}}$, $\overline{\text{IRQ}}$ und Φ_2 .

Bild 2.1 gibt schematisch die Verbindung des ACIA 6551 mit der CPU und mit der Peripherie wieder.

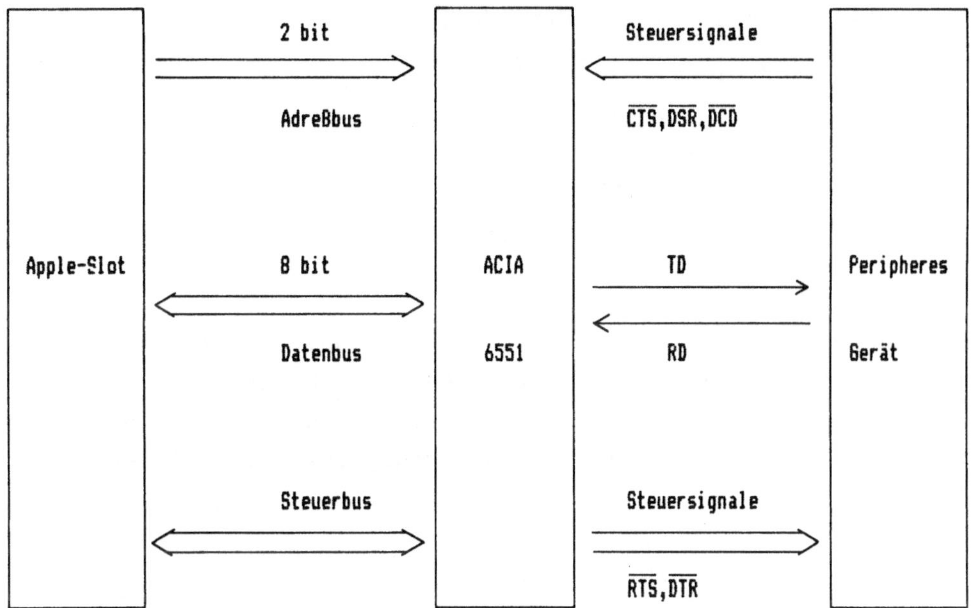

Bild 2.1 Blockschaltbild Ansteuerung des ACIA 6551

Der ACIA 6551 benötigt das Signal ϕ_2 . Dies ist ein 1-MHz-Rechtecksignal. Dieses Signal wird zwar vom 6502 erzeugt und steht dort an Pin 39 zur Verfügung, aber aus unbekannten Gründen kann man in den einzelnen Slots nicht über ϕ_2 verfügen. Statt dessen liegt an Pin 38 der Slots ϕ_1 an. ϕ_1 hat zwei Eigenschaften, die es uns gestatten, ϕ_2 aus ϕ_1 zu generieren:

ϕ_2
- ist invers zu ϕ_1 .
- eilt um 15 bis 75 ns hinter ϕ_1 her (je nach Amplitude).

Wir werden als erstes ϕ_2 aus ϕ_1 erzeugen. Man kann ein Signal mit Hilfe eines Inverters invertieren. Eine Phasenverschiebung läßt sich durch ein RC-Glied erreichen (s. Bild 2.2). Dieses zerstört jedoch die Rechteckform des Signals. Ein Schmitt-Trigger stellt die ursprüngliche Kurvenform wieder her. Gleichzeitig invertiert ein Schmitt-Trigger die Signale, so daß der Inverter entfallen kann.

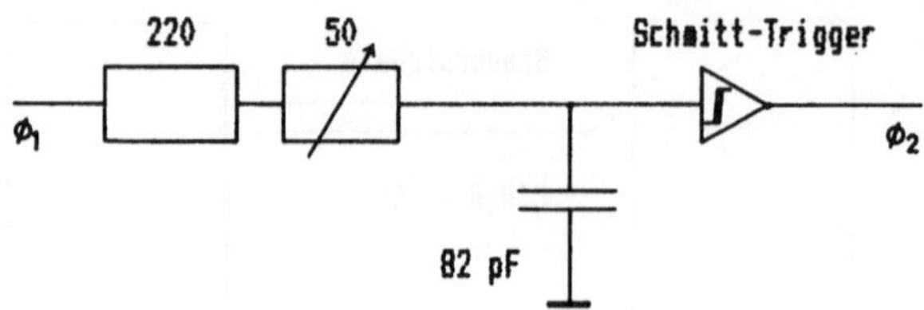

Bild 2.2 Erzeugung des Φ_2 -Signals

Der Kondensator C lädt sich mit der Zeit auf. Der Aufladevorgang entspricht einer e-Funktion. Bei der oberen Schwellspannung von ca. 1,7 V spricht der Schmitt-Trigger an (das gilt für den SN 7414). Die Funktionsgleichung für die Aufladekurve lautet:

U(t) = 4 V (1 - exp(-t/RC)).

Die Zeitkonstante des RC-Gliedes beträgt für R=220 Ohm, C=82 pF und U=1,7 V ca. t=0,86xRxC=16 ns. Der Schmitt-Trigger bewirkt laut Handbüchern noch einmal eine Verzögerung von typisch 15 ns. Dies macht zusammen eine Phasenverschiebung von 31 ns. Mit dem Trimmer kann dieser Wert variiert werden.

Bild 2.3 gibt die vollständige Schaltung des seriellen Interfaces wieder. Es liefert als Ein- und Ausgang eine Schnittstelle mit den Signalen 0 V und 5 V. Dies entspricht TTL-Logik. Wenn Sie eine V.24-Schnittstelle wünschen, müssen noch Pegelwandler eingebaut werden (s. Kapitel 4). Wenn Sie das Interface nur an den Akustik-Koppler anschließen wollen, so können Sie die Aus- und Eingänge direkt mit einer 25-poligen Buchse des Typs Min D verbinden.

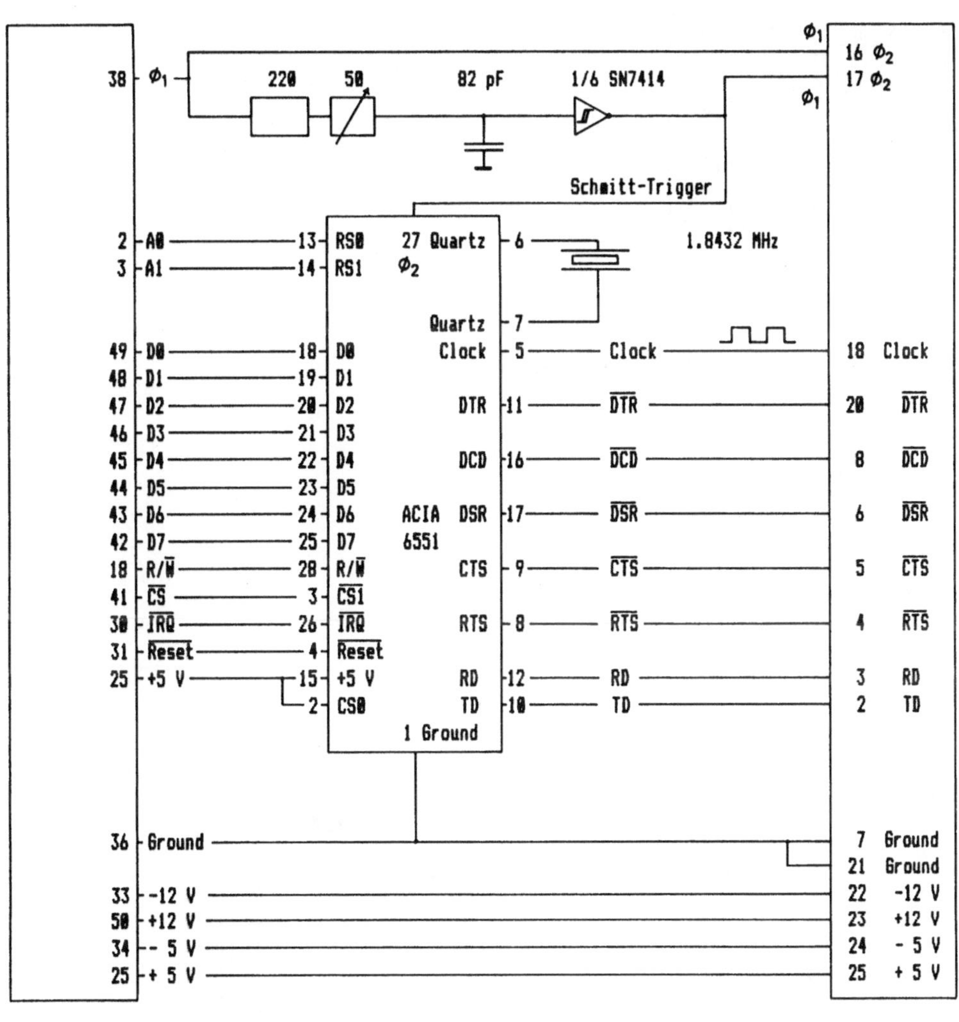

Apple-Slot ACIA 6551 Stecker

Bild 2.3 Das serielle Interface mit dem ACIA 6551

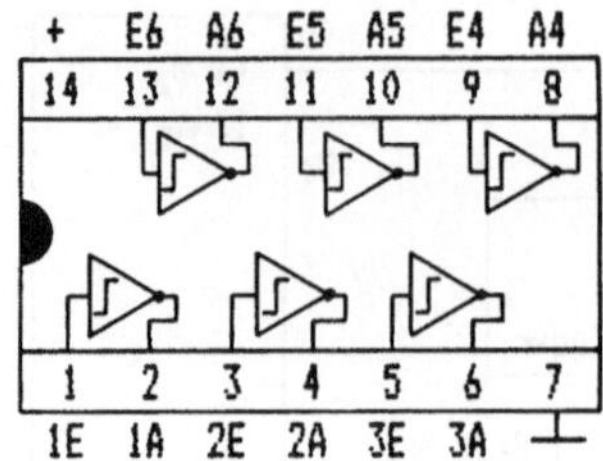

SN 7414

Bild 2.4 Anschlußbelegung SN 7414

Rückseite des Apple

	Apple-Slot		
Gnd	26	25	+5 V
	27	24	
	28	23	
	29	22	
$\overline{IRQ}$	30	21	
$\overline{RES}$	31	20	
	32	19	
-12 V	33	18	$R/\overline{W}$
-5 V	34	17	
	35	16	
	36	15	
	37	14	
Φ_1	38	13	
	39	12	
	40	11	
$\overline{CS}$	41	10	
D7	42	9	
D6	43	8	
D5	44	7	
D4	45	6	
D3	46	5	
D2	47	4	
D1	48	3	A1
D0	49	2	A0
+12 V	50	1	$\overline{I/O\ SELECT}$

Vorderseite des Apple

	ACIA 6551		
Gnd	1	28	$R/\overline{W}$
CS0	2	27	Φ_2
$\overline{CS1}$	3	26	$\overline{IRQ}$
$\overline{RES}$	4	25	DB7
Clock RxC	5	24	DB6
XTAL1	6	23	DB5
XTAL2	7	22	DB4
$\overline{RTS}$	8	21	DB3
$\overline{CTS}$	9	20	DB2
TD	10	19	DB1
$\overline{DTR}$	11	18	DB0
RD	12	17	$\overline{DSR}$
RS0	13	16	$\overline{DCD}$
RS1	14	15	+5 V

Bild 2.5 Anschlußbelegungen ACIA 6551 und Apple-Slots

Die Anschlußbelegungen der benötigten ICs finden Sie in den Bildern 2.4 und 2.5. Die gesamte Schaltung wird auf einer sogenannten Entwicklungskarte aufgebaut, die in einen der Slots des Apple (bevorzugt Slot 2) gesteckt wird.

Legen Sie zuerst die Lage der Chips auf der Karte fest. Bild 2.6 gibt Ihnen hierzu eine Hilfe.

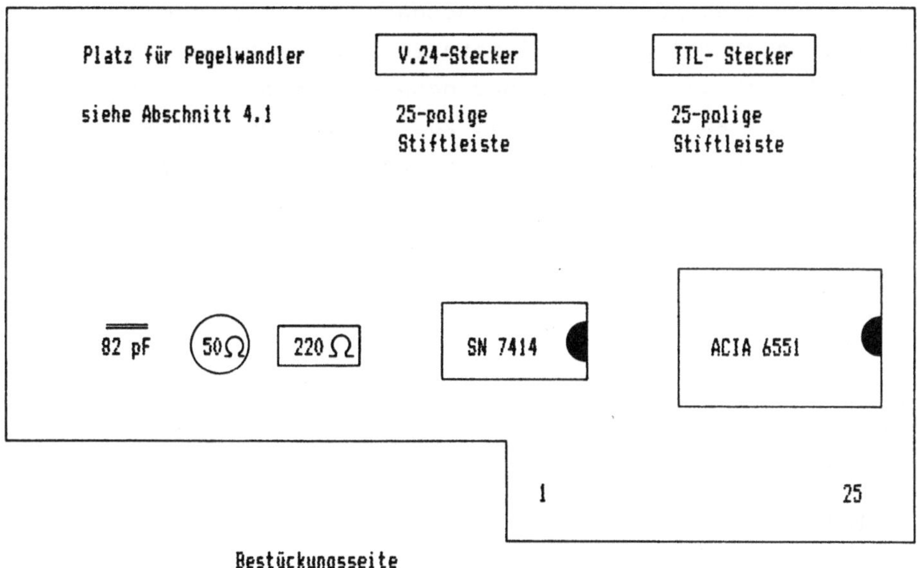

Bild 2.6 Übersicht über die Lage der Bauteile

Löten Sie nun zuerst die Sockel der ICs fest. Löten Sie provisorisch zwei Eck-Pins fest, so daß Sie beide Hände zum Löten frei haben. Achten Sie sorgfältig optisch auf Kurzschlüsse oder nicht richtig (kalt) gelötete Pins. Verbinden Sie die Sockel mit der Versorgungsspannung "Ground" und +5 V. +5 V finden Sie auf der IC-Seite ganz hinten am Pin 25, "Ground" auf der Rückseite hinten an Pin 26 des Apple-Slots.

Verbinden Sie nun die beiden Leitungen A0 und A1 des Adreßbusses mit dem ACIA, dann den Datenbus D0 bis D7 und schließlich die Steuerleitungen $\overline{\text{RESET}}$, $\overline{\text{IRQ}}$, R/$\overline{\text{W}}$ und $\overline{\text{CHIP SELECT}}$ mit $\overline{\text{CS1}}$. CS0 am ACIA wird mit +5 V verbunden. Das ϕ_1 - Signal wird über das RC-Glied und dem Schmitt-Trigger (Pin 1 = Eingang, Pin2 = Ausgang) an Pin 27 des ACIA gelegt. Der Quartz mit 1,8432 MHz wird mit den Pins 6 und 7 des ACIA verbunden, die Polarität spielt keine Rolle, die Anschlußbeinchen des Quartzes sollten etwas gekürzt werden.

Alle oben liegenden Ein- und Ausgänge des ACIA werden zuerst an eine 25-polige Stiftleiste im 2,54-mm-Raster für Flachkabelanschluß verbunden und dann über ein ca. 0,75 m langes 25-poliges Flachbandkabel zur 25-poligen Buchse Min D gelegt. Falls Sie eine V.24-Schnittstelle benötigen, sind noch Pegelwandler einzubauen (siehe Kapitel 4 V.24-Schnittstelle). Die Buchse wird entsprechend der internationalen Norm belegt (siehe Bild 2.7). Später zu entfernende Anschlüsse sind in Klammern gesetzt.

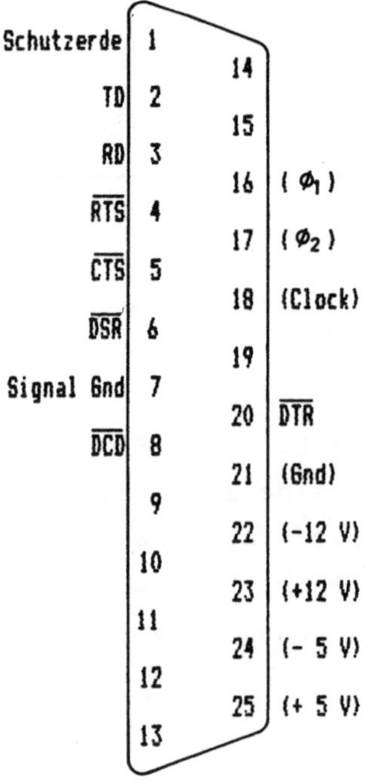

Bild 2.7 Anschlußbelegung serielles Interface

1 - System-Ground (kann entfallen)
2 - TD
3 - RD
4 - $\overline{RTS}$
5 - $\overline{CTS}$
6 - $\overline{DSR}$
7 - Ground
8 - $\overline{DCD}$
9 -
10-
11-
12-
13-
14 -
15 -
16 - (ϕ_1)
17 - (ϕ_2)
18 - (Clock)
19 -
20 - $\overline{DTR}$
21 - (Ground)
22 - (-12 V)
23 - (+12 V)
24 - (-5 V)
25 - (+5 V)

Für die Testphase habe ich zusätzlich die Signale ϕ_1 , ϕ_2 und "Clock" auf die Buchse gelegt. Diese können später entfernt werden.

Es muß grundsätzlich angemerkt werden, daß die Stromversorgung für alle Slots des Apple begrenzt ist. Sollten schon mehrere Slots belegt sein, ist ein eigenes Netzteil zu empfehlen. In diesem Fall hat das Netzteil nur "Ground" mit dem Rechner gemeinsam. Die Versorgungsspannung +5 V darf keinen Kontakt mit der Stromversorgung des Apple haben.

Sollten Sie noch keine Slots belegt haben, so können Sie vom Apple her das Interface und den Akustik-Koppler mit den Spannungen +5 V, -5 V, +12 V und -12 V versorgen. Legen Sie in diesem Fall

Ground an Pin 21,
-12 V an Pin 22,
+12 V an Pin 23,
-5 V an Pin 24,
+5 V an Pin 25.

Über die Bedeutung der im Schaltbild nach oben zur Stiftleiste verlaufenden Steuerleitungen erfahren Sie im Kapitel 4 V.24-Schnittstelle mehr.

Die Buchse Min D kann an der Rückseite in einer der Aussparungen des Apple-Gehäuses festgeschraubt werden. Um die Karte testen zu können, ist es günstig, sich ein Testgehäuse mit Leuchtdioden zu bauen. Hiermit können die Zustände der Steuerleitungen leicht überprüft und eingestellt werden. Es kann dann ebenfalls der Datentransfer beobachtet werden. Bild 2.8 zeigt den Aufbau des Testgehäuses. Da der Baustein SN 7406 nur 6 Treiber enthält, wird auf die Anzeige von $\overline{DSR}$ verzichtet. Bild 2.9 zeigt die Anschlußbelegung des Treibers.

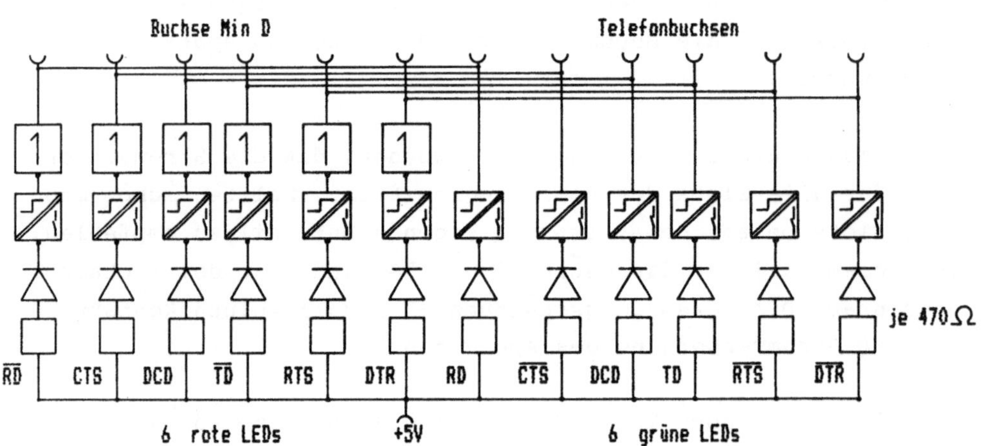

Bild 2.8 Testgehäuse

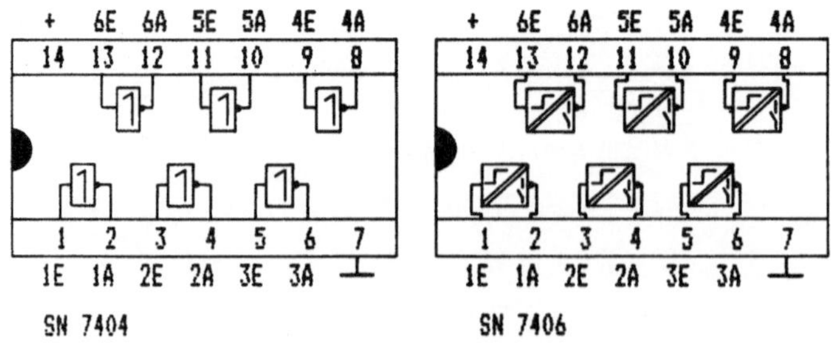

Bild 2.9 Anschlußbelegungen SN 7404 und SN 7406

3 Test des Interfaces

Das Interface muß außerhalb des Computers gründlich getestet werden. Untersuchen Sie erneut optisch alle Lötstellen. Sitzt der Stecker fest? Nun stecken Sie bei ausgeschaltetem Rechner die Karte in einen der Slots 1 bis 6, am besten in Slot 2. Die Karte muß fest und waagerecht sitzen. Schalten Sie den Rechner an.

Ich nehme an, daß die Karte keinen Kurzschluß hat und der Rechner reagiert. Stürzt er ab, so schalten Sie den Rechner ab und beginnen erneut die optische Kontrolle.

Verbinden Sie Pin 4 mit Pin 5 ($\overline{RTS}$ mit $\overline{CTS}$). Tippen Sie das folgende BASIC-Programm ein. Es schickt 300-mal den Buchstaben c zum ACIA 6551. Das Programm muß exakt 9 s hierfür benötigen (zusätzlich 3 s für das BASIC-Programm), weil es mit einer Übertragungsrate von 300 Bd arbeitet. Die Leuchtdiode an TD Pin 2 muß während der Programmausführung flackern. Nur an dieser Stelle werden BASIC-Programme benutzt, da sie ohne weitere Erklärungen eingegeben werden können.

```
1   REM 12 s lang wird das Datenregister beschrieben (9 s
2   REM Transfer). Pins 4 und 5 verbinden (RTS mit CTS)
100 ACIA = - 16256
200 SLOT = 2
300 POKE ACIA + SLOT * 16 + 2 , 105
400 POKE ACIA + SLOT * 16 + 3 , 182
500 FOR I = 1 TO 300
600 POKE ACIA + SLOT * 16 , ASC("c")
700 J = PEEK ( ACIA + SLOT * 16 + 1)
800 J = J  - ( INT ( J / 32 ) ) * 32
900 IF J < 16 THEN 700
1000 NEXT I
```

Wenn dieses Programm erfolgreich läuft, können wir auch den Lesespeicher des ACIA testen. Das folgende Programm sendet alle ASCII-Zeichen von 32 bis 127 zum ACIA und liest alle Zeichen sofort wieder ein. Dazu müssen wir Pin 2 mit Pin 3 (RD mit TD) verbinden. Zusätzlich muß Pin 4 mit Pin 5 verbunden werden ($\overline{\text{RTS}}$ mit $\overline{\text{CTS}}$), und Pin 8 ($\overline{\text{DCD}}$) muß mit "Ground" oder Pin 20 $\overline{\text{DTR}}$ verbunden werden. Die Bedeutung dieser Schaltung wird später erklärt. Hier soll sie nur das Interface testen.

```
1    REM 12 s lang wird das Datenregister beschrieben (9 s
2    REM Transfer). Pin 4 mit Pin 5 verbinden (RTS mit CTS),
3    REM ausgehende Zeichen werden sofort wieder eingelesen.
4    REM TD Pin 2 mit RD Pin 3 verbinden.
5    REM Pin 8 DCD mit Ground oder Pin 20 DTR verbinden.
100 ACIA = - 16256
200 SLOT = 2
300 POKE ACIA + SLOT * 16 + 2 , 105
400 POKE ACIA + SLOT * 16 + 3 , 182
500 FOR I = 32 to 127
600 POKE ACIA + SLOT * 16 , I
700 J = PEEK ( ACIA + SLOT * 16 + 1)
800 J = J - ( INT ( J / 32 ) ) * 32
900 IF J < 16 THEN 700
1000 J = PEEK ( ACIA + SLOT * 16 + 1) : IF J < 128 THEN 1000
1100 PRINT CHR$ ( PEEK (ACIA + SLOT * 16))" ";
1200 NEXT I
```

Daraufhin wird der Bildschirm mit 3 Zeilen vollgeschrieben, die den gesamten druckbaren ASCII-Code wiedergeben. Sollte eines der beiden Programme nicht laufen, so liegt sehr wahrscheinlich nur eine fehlerhafte Verbindung vor, die schnell zu finden sein wird. Sie können dann das folgende Testverfahren überspringen.

Sollten beide Programme nicht arbeiten, muß das Interface

gründlicher getestet werden. Starten Sie eines eines der beiden Programme. An Pin 18 des Steckers muß jetzt eine Rechteckspannung von genau 4800 Hz anliegen. Diese kann mit einem Oszilloskop oder mit einem Frequenzmeßgerät bestimmt werden. Diese Frequenz wird durch die Übertragungsrate x 16 bestimmt. Da das Programm die Übertragungsrate 300 Baud festlegt, ergeben sich 4800 Hz. Überprüfen Sie, falls Sie eine andere Frequenz messen, ob im Programm in der Zeile 400 die Zahl 182 steht. Ist dies der Fall, liegt ein Hardware-Fehler vor. Überprüfen Sie die Anschlüsse des Quartzes, aus dem diese Frequenz gewonnen wird.

Wir wollen jetzt das Φ_2 -Signal überprüfen. Wir legen das Φ_1-Signal und das Φ_2 -Signal auf die Eingänge eines Zweistrahloszilloskops mit 20 MHz Bandbreite. Das Φ_1 -Signal wird zusätzlich noch invertiert. Für meine Messungen habe ich einen Hameg 203-4 benutzt. Ich erhielt folgende Oszilloskopbilder (Bild 3.1 und Bild 3.2). Die horizontale Ablenkung betrug 0,5 ns/cm bei Benutzung der x5-Taste. Die vertikale Ablenkung betrug 2 V/cm.

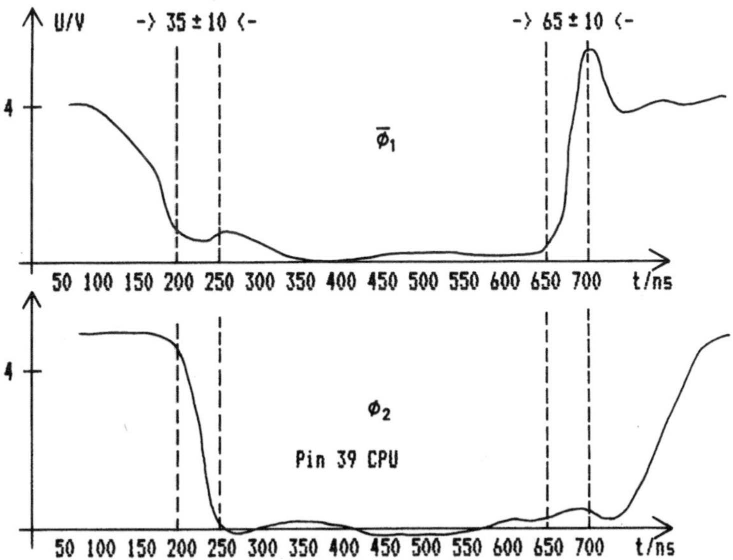

Bild 3.1 Die Signale $\overline{\Phi_1}$ und Φ_2 (Pin 39 CPU)

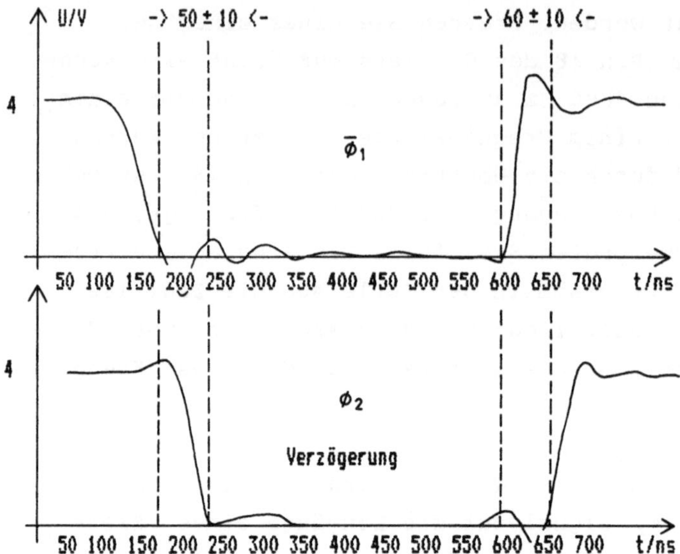

Bild 3.2 Die Signale $\overline{\Phi_1}$ und Φ_2 (Verzögerung)

Die Meßwerte müssen noch mit der Anstiegszeit des Oszilloskop-Vertikalverstärkers geringfügig korrigiert werden. Es wurden kein Tastkopf und keine abgeschirmten Meßkabel verwendet. Weichen Ihre Meßergebnisse stark ab, so können Sie die Phasenverschiebung zwischen $\overline{\Phi_1}$ und Φ_2 mit dem Trimmer variieren. Andere Möglichkeiten gibt es nicht.

4 Die V.24-Schnittstelle

Die V.24-Schnittstelle ist neben der Centronics-Schnittstelle die bekannteste Verbindung eines Computers mit einem peripheren Gerät. Die amerikanische Norm ist in EIA RS-232-C festgelegt, daher heißt sie auch häufig RS-232-Schnittstelle. In Deutschland ist sie mit DIN 66020, international nach CCITT V.24 genormt. Es ist eine serielle Schnittstelle, durch die Daten Bit für Bit nacheinander übertragen werden.

Neben der Signalmasse "Ground" benötigen wir u.a. zwei Datenleitungen und fünf Signalleitungen, hiervon sind für den ACIA 6551 vier Leitungen Eingänge und drei Ausgänge. Diese sind:

Pin	Abkürzung	Bedeutung
Eingänge für den ACIA 6551:		
3	RD	Receive Data: Über diesen Pin werden Daten seriell von der Peripherie empfangen.
5	$\overline{CTS}$	Clear To Send: Das periphere Gerät teilt dem ACIA mit, daß es jetzt senden kann.
6	$\overline{DSR}$	Data Set Ready: Betriebsbereitschaft des peripheren Gerätes
8	$\overline{DCD}$	Data Carrier Detected: Die Trägerfrequenz des peripheren Gerätes wird entdeckt.
Ausgänge des ACIA 6551:		
2	TD	Transmit Data: Über diesen Pin werden Daten seriell zur Peripherie gesendet.
4	$\overline{RTS}$	Request To Send: Der ACIA teilt dem peripheren Gerät mit, daß er senden möchte.
20	$\overline{DTR}$	Data Terminal Ready: Der ACIA ist sendebereit.

Die Einheit der Geschwindigkeit, mit der die Übertragung erfolgt, wird mit Baud (Bd) bezeichnet. Es gilt: 1 bit/s = 1 Bd. Da üblicherweise für ein Zeichen etwa 9 Bits benötigt werden, können bei einer typischen Übertragungsgeschwindigkeit von 300 Bd in einer Sekunde ca. 33 Zeichen übertragen werden. Maximal können über diese Schnittstelle ca. 1200 Bd über ca. 15 m übertragen werden.

Bei der V.24-Schnittstelle haben alle Signale zwei Spannungszustände: +12 V und -12 V. Sie ist also bipolar. Dabei darf die Empfangsspannung in weiten Grenzen schwanken:
+3 V bis +15 V erlaubt (logisch Null)
-3 V bis +3 V verboten
-3 V bis -15 V erlaubt (logisch Eins).

V.24-Sender müssen mindestens ±5 V auf die Leitung geben.

4.1 Pegelwandler

Unsere Schnittstelle verarbeitet bisher nur Signale mit TTL-Pegel, d.h. mit den Spannungen +5 V (logisch Eins) und 0 V (logisch Null). Wenn Sie eine V.24-Schnittstelle benötigen, müssen wir Pegelwandler einbauen. Wir werden auf die Entwicklungskarte einen zweiten Steckersatz einbauen, so daß jederzeit Pegel mit TTL und V.24 zur Verfügung stehen. Die Bausteine SN 75188 und SN 75189 bewirken diesen Pegelwandel. Es gilt:

SN 75189	SN 75188
+12 V (logisch Null) ==> 0 V	0 V ==> +12 V (logisch Null)
-12 V (logisch Eins) ==> +5 V	+5 V ==> -12 V (logisch Eins)

Bild 4.1 zeigt die Anschlußbelegungen dieser Wandler. Die Versorgungsspannungen von +12 V und -12 V werden dem Apple entnommen.

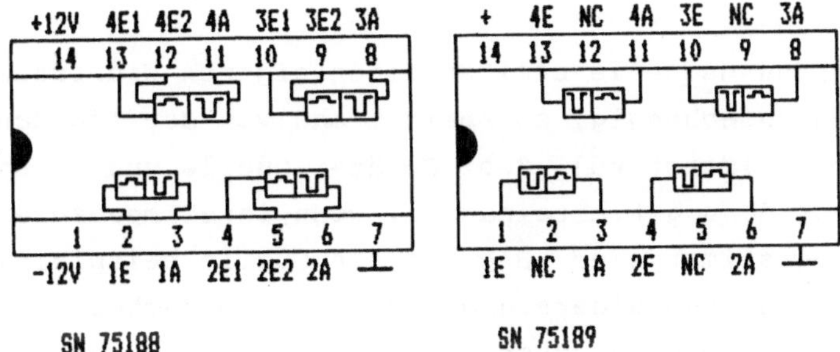

Bild 4.1 Anschlußbelegungen der Pegelwandler

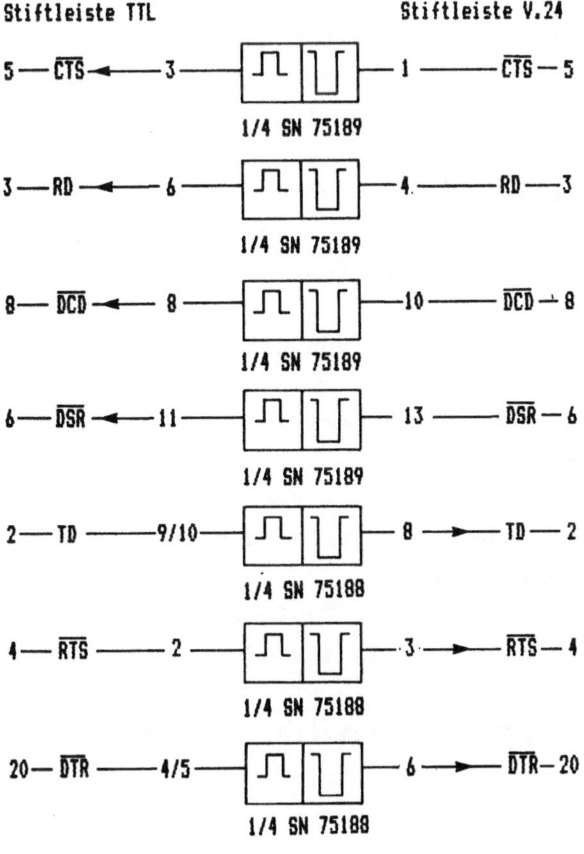

Bild 4.2 Pegel-Umwandlung

4.2 Elektrische Eigenschaften der Schnittstelle

Jede Spannungsquelle besitzt einen eigenen Widerstand. Ist dieser frequenzabhängig, so spricht man von der Impedanz (Wechselstromwiderstand). Zwei Geräte, Quelle und Verbraucher, arbeiten nur dann gut miteinander, wenn ihre Impedanzen aufeinander abgestimmt sind. Besitzt die Quelle beispielsweise einen hohen inneren Widerstand und der Verbraucher einen geringen, so wird die Ausgangsspannung der Quelle zusamenbrechen. Für das Interface müssen beim Senden folgende elektrische Eigenschaften erfüllt sein:

1. Alle Leitungen müssen kurzschluß- und gegenspannungsfest sein.
2. Wird das Interface auf einer Leitung mit 3 kOhm bis 7 kOhm belastet, so muß die übergebene Spannung im Bereich von +3 V bis +15 V bzw. -3 V bis -15 V liegen.
3. Keine Spannung darf gegenüber der Masseleitung Pin 1 (Schutzerde) größer als 25 V sein.
4. Die übergebenen Signale müssen eine Mindest- und eine Höchstflankensteilheit besitzen.

Umgekehrt gilt beim Empfang von Daten:

5. Es müssen eingehende Spannungen im Bereich -15 V bis +15 V verarbeitet werden.
6. Die Polarität der Spannung muß richtig erkannt werden.
7. Die Innenwiderstände des Interfaces müssen im Bereich 3 kOhm bis 7 kOhm liegen.
8. Das Interface darf auf einer Empfangsleitung keine Spannungen erzeugen, die größer als 2 V oder kleiner als -2 V sind.

Grundsätzlich sollten Induktivitäten und Kapazitäten vermieden werden.

5 Die Frequenzmodulation

Die einfachste Möglichkeit, Daten zu übertragen, ist, für eine Eins einen Ton und für eine Null keinen Ton zu erzeugen. Dies entspricht der Amplitudenmodulation bei Rundfunksendern. Diese Übertragungsweise ist sehr störanfällig, da der Computer dann sehr schlecht Nutzsignale von Störsignalen unterscheiden kann. Jedes Knacken in der Leitung würde als Datum erkannt. Heute hat sich die Frequenzmodulation durchgesetzt. Es sei angenommen, daß A dem Partner B Daten übermitteln will. A erzeugt eine Tonfrequenz von 1850 Hz. Dies entspricht logisch der "0". Möchte A eine logische "1" übertragen, so ändert A seine Tonfrequenz auf 1650 Hz.

Damit Sender und Empfänger synchron arbeiten können, muß ein Protokoll vereinbart werden. Eine der Regeln besagt, daß die Zustände "0" und "1" jeweils nur eine ganz bestimmte Zeit übertragen werden. Die Anzahl der übermittelten Bits pro s muß für beide Seiten gleich sein (Übertragungsrate). Will nun B A etwas übermitteln, so darf B nicht mit der gleichen Frequenz senden, da es sonst ein großes Durcheinander geben würde. B sendet eine "0" mit 1180 Hz und eine "1" mit 980 Hz. Die Frequenzen 980 Hz und 1180 Hz werden als ein Kanal bezeichnet, 1650 Hz und 1850 Hz bilden dementsprechend einen zweiten Kanal. Benutzt der Sender Kanal 1, so wird er als "Originate" bezeichnet, der Partner als "Answer". Damit die Elektronik die beiden Kanäle trennen kann, darf die Übertragungsgeschwindigkeit nicht zu groß sein. Die angegebenen Werte gelten bis 300 Bd. Darüber werden die Fehlermöglichkeiten größer.

Die Veränderung der Frequenz in Abhängigkeit vom Eingangspegel beim Senden übernimmt der World-Chip Am 7910 automatisch. Entsprechende elektronische Schaltungen aus Einzelelementen haben sich in der Praxis als sehr störanfällig erwiesen (komplexer Grad beim Aufbau, temperaturabhängig). Ebenso übernimmt der World-Chip die Demodulation: eine eingehende Frequenz wird untersucht und bei richtigen Werten in einen Signalpegel umgewandelt. Der World-Chip arbeitet mit TTL-Logik. Die benutzten Frequenzen müssen relativ stabil sein. Beim Umschalten darf es keine Oberfrequenzen geben. Zur Erzeugung der Frequenzen benötigt der World-Chip daher einen Quartz.

Die Bilder 5.1 und 5.2 zeigen die Abhängigkeiten der Pegel von den Frequenzen und umgekehrt.

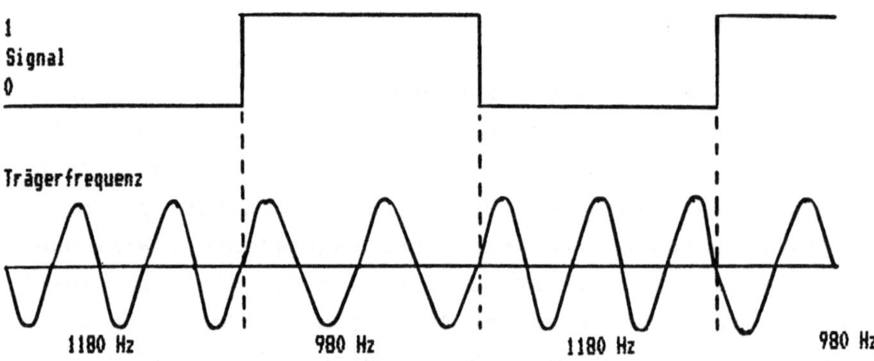

Bild 5.1 Pegel und Frequenzen Kanal 1

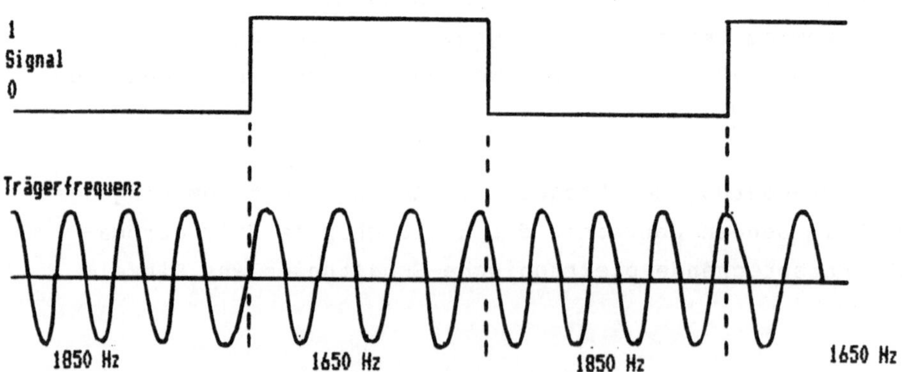

Bild 5.2 Pegel und Frequenzen Kanal 2

5.1 Halbduplex- und Vollduplex-Betrieb

Wie oben beschrieben, sind beide Partner gleichwertig. Zwar unterscheiden sie sich in der Frequenz, jedoch können beide gleichzeitig senden und empfangen. Diesen Betriebszustand nennt man Vollduplex. Wird auf einer Frequenz mit einer hohen Übertragungsrate gesendet, und der Partner sendet auf der anderen mit einer geringeren, so spricht man vom Halbduplex-Betrieb. Hierbei kann der Partner mit der geringeren Übertragungsgeschwindigkeit nur nach Aufforderung des "schnelleren" senden. Er ist sozusagen der Sklave des Meisters. Der Halbduplex-Betrieb eignet sich z.B. für Systeme wie Btx.

5.2 Betrieb der Schnittstelle - Verbindung zweier Computer

Es sei angenommen, daß von einem Apple auf einen zweiten seriell Daten übertragen werden sollen. Es soll nur das Grundprinzip ohne Software beschrieben werden. Beide Rechner sollen über eine V.24-Schnittstelle verfügen.

Partner A will senden. Die gesendeten Daten liegen an Pin 2 TD (Transmit Data) an. Zusätzlich signalisiert die Schnittstelle dem Partner an Pin 4 $\overline{\text{RTS}}$ ($\overline{\text{Request To Send}}$), daß sie sendebereit ist. Die Signalleitung $\overline{\text{DTR}}$ an Pin 20 ($\overline{\text{Data Terminal Ready}}$) geht auf logisch "0" (+12 V). Das Interface sendet jedoch so lange nicht, wie es vom Partner keine Empfangsbereitschaft bekommt (Handshaking). Dieses Signal wird an Pin 5 $\overline{\text{CTS}}$ ($\overline{\text{Clear To Send}}$) empfangen.

Partner B will empfangen. Die empfangenen Daten laufen an Pin 3 RD (Receive Data) ein. Der Empfänger teilt dem Sender mit, daß er jetzt empfangsbereit ist. Dies kann über Pin 5 $\overline{\text{CTS}}$ ($\overline{\text{Clear To Send}}$) erfolgen. Er kann jedoch nur empfangen, wenn das Signal an Pin 8 DCD ($\overline{\text{Data Carrier Detected}}$) aktiv ist.

Aus beiden Zuständen ergibt sich, daß ein gegenseiter Empfang und ein beiderseitiges Senden durch folgende Verbindungen erfolgen können:

1. TD mit RD verbinden und umgekehrt.
2. $\overline{\text{RTS}}$ mit $\overline{\text{CTS}}$ verbinden und umgekehrt.
3. $\overline{\text{DCD}}$ mit $\overline{\text{DTR}}$ verbinden und umgekehrt.

Es wird angenommen, daß beide Rechner betriebsbereit sind, so daß $\overline{\text{DSR}}$ $\overline{\text{(Data Set Ready)}}$ an Pin 6 nicht benutzt wird.

Da der Betrieb ohne äußere Taktleitung erfolgt, heißt der Betrieb asynchron.

5.3 Betrieb der Schnittstelle - Verbindung mit dem Akustik-Koppler

Der Akustik-Koppler übernimmt den Part B. Jedoch stimmen jetzt die Bezeichnungen überein, sie sind nicht mehr über Kreuz verbunden. Das Interface mit dem ACIA 6551 teilt dem Modem mit, daß es sendebereit ist: $\overline{\text{DTR}}$ $\overline{\text{(Data Terminal Ready)}}$ wird auf "low" gelegt. Sobald der ACIA tatsächlich senden will, geht $\overline{\text{RTS}}$ $\overline{\text{(Request To Send)}}$ auf "low". Es können jetzt Daten rausgeschickt werden. Der World-Chip fängt an zu "pfeifen". Das Interface nimmt keine Rücksicht auf das Signal $\overline{\text{DSR}}$ $\overline{\text{(Data Set Ready)}}$. Wenn man annimmt, daß der ACIA immer nach Einschalten des Computers sendebereit sein soll, gibt es zwei einfache Möglichkeiten, eine dauerhafte Verbindung herzustellen.

1. Die Verbindungen $\overline{\text{DTR}}$ und $\overline{\text{RTS}}$ zwischen Computer und Akustik-Koppler werden getrennt und die entsprechenden Eingänge des Akustik-Kopplers hardwaremäßig auf "low" gelegt. Somit können wir softwaremäßig diesen Vorgang übergehen.

2. $\overline{\text{DTR}}$ und $\overline{\text{RTS}}$ werden softwaremäßig dauernd auf "low" gelegt. Die entsprechenden Verbindungen sind hardwaremäßig hergestellt.

Umgekehrt wartet der World-Chip auf die Trägerfrequenz des angerufenen Computers. Sobald diese identifiziert ist, geht $\overline{\text{DCD}}$ ($\overline{\text{Data Carrier Detected}}$) auf "low". Der World-Chip reagiert auch auf das Interface mit dem ACIA. Sobald dieser seine Sendebereitschaft durch $\overline{\text{DTR}}$ zu erkennen gegeben hat und $\overline{\text{RTS}}$ auf "low" geht, geht auch $\overline{\text{CTS}}$ auf "low". Die beiden Signale $\overline{\text{DCD}}$ und $\overline{\text{CTS}}$ sollten daher durch Leuchtdioden sichtbar gemacht werden. Da wir $\overline{\text{DTR}}$ und $\overline{\text{RTS}}$ hardwaremäßig oder softwaremäßig dauernd auf "low" legen, muß nach dem Einschalten des Rechners und des Akustik-Kopplers $\overline{\text{CTS}}$ immer auf "low" gehen und die Diode leuchten. Bei der Software-Lösung für $\overline{\text{DTR}}$ und $\overline{\text{RTS}}$ geschieht dies erst nach dem Start des Programms. Die Verbindung wird durch das Leuchten der Dioden $\overline{\text{CTS}}$ und $\overline{\text{DCD}}$ angezeigt, der Datentransfer durch zwei Leuchtdioden TD und RD.

6 Hardware: Der Akustik-Koppler

Der Akustik-Koppler ist modular aufgebaut. Er besteht aus fünf Teilen, die einzeln aufgebaut und getestet werden können: aus

1. Pegelwandler (falls erforderlich),
2. World-Chip,
3. Anzeige-Panel,
4. Mikrofon mit Verstärker und dem
5. Lautsprecher mit Verstärker.

Bild 6.1 zeigt das Blockschaltbild:

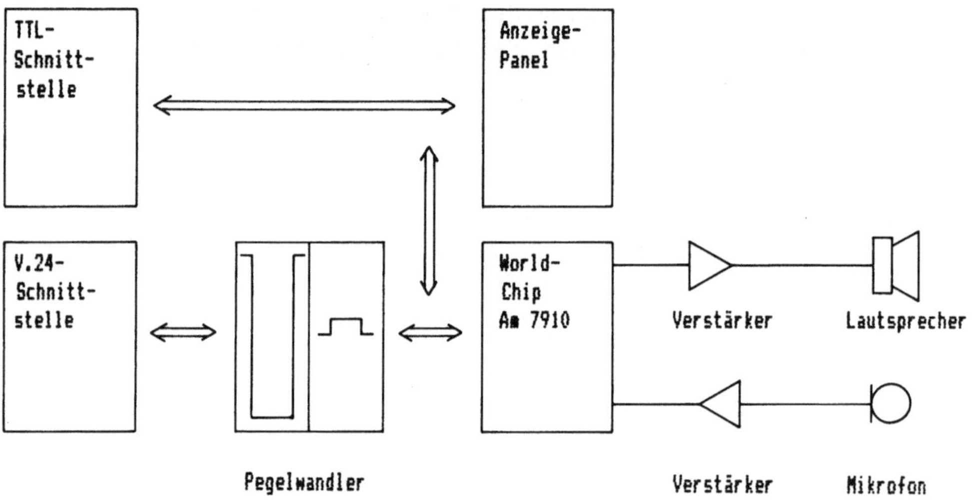

Bild 6.1 Blockschaltbild Akustik-Koppler

Die Pegelwandler werden benötigt, wenn ein Interface mit V.24-Schnittstelle angeschlossen wird. Das von uns gebaute besitzt TTL- und V.24-Schnittstellen. Die Stiftleiste wird mit einem Flachbandstecker und einem 25-poligen Kabel an einen 25-poligen Stecker vom Typ Min D angeschlossen. Je nach Wahl der Stiftleiste kann TTL-Logik oder V.24-Schnittstelle gewählt werden. Es muß nur unbedingt darauf geachtet werden, daß die Schnittstellen des Interfaces und des Akustik-Kopplers sich entsprechen.

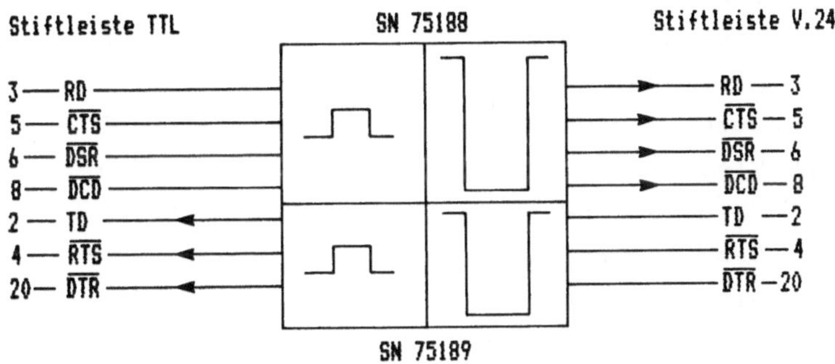

Bild 6.2 Pegelwandler

Das Anzeige-Panel soll einen 4-poligen Ein-Ausschalter S1 mit 4 Leuchtdioden für die Spannungen -12 V, +12 V, -5 V und +5 V , 4 Leuchtdioden für TD, RD, $\overline{CTS}$ und $\overline{DCD}$ sowie zwei Schalter S2 und S3 für den Betriebsmodus enthalten. Hiermit kann man von Betrieb auf Test und von "Originate" auf "Answer" und umgekehrt umschalten. Alle Anschlüsse erfolgen von der Stiftleiste mit TTL-Logik. Es ist ratsam, das Anzeige-Panel über einen 8-poligen DIL-Stecker von der Hauptplatine zu trennen.

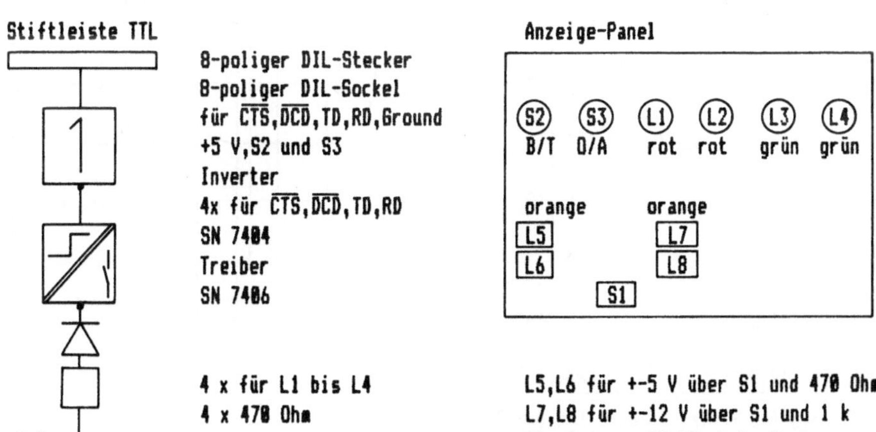

Bild 6.3 Anzeige-Panel

Die Schaltung des World-Chips ist unkritisch, da die einzelnen Werte der Widerstände und Kondensatoren großzügig unter- oder überschritten werden dürfen. Für den Betriebsmodus wird ein achtfacher DIL-Schalter gewählt. Drei der Schalter müssen geöffnet sein, zwei geschlossen, drei bleiben unbenutzt. Zwei der geöffneten Schalter werden durch die beiden Schalter am Anzeige-Panel überbrückt. Mit diesen Schaltern kann der Betrieb getestet und/oder "Originate" und "Answer" eingestellt werden. Viele Anschlüsse des World-Chips werden hier nicht benutzt, da dessen Fähigkeiten viel weiter reichen als wir sie nutzen. Deshalb werden hier auch die vielen weiteren Bezeichnungen nicht weiter erläutert.

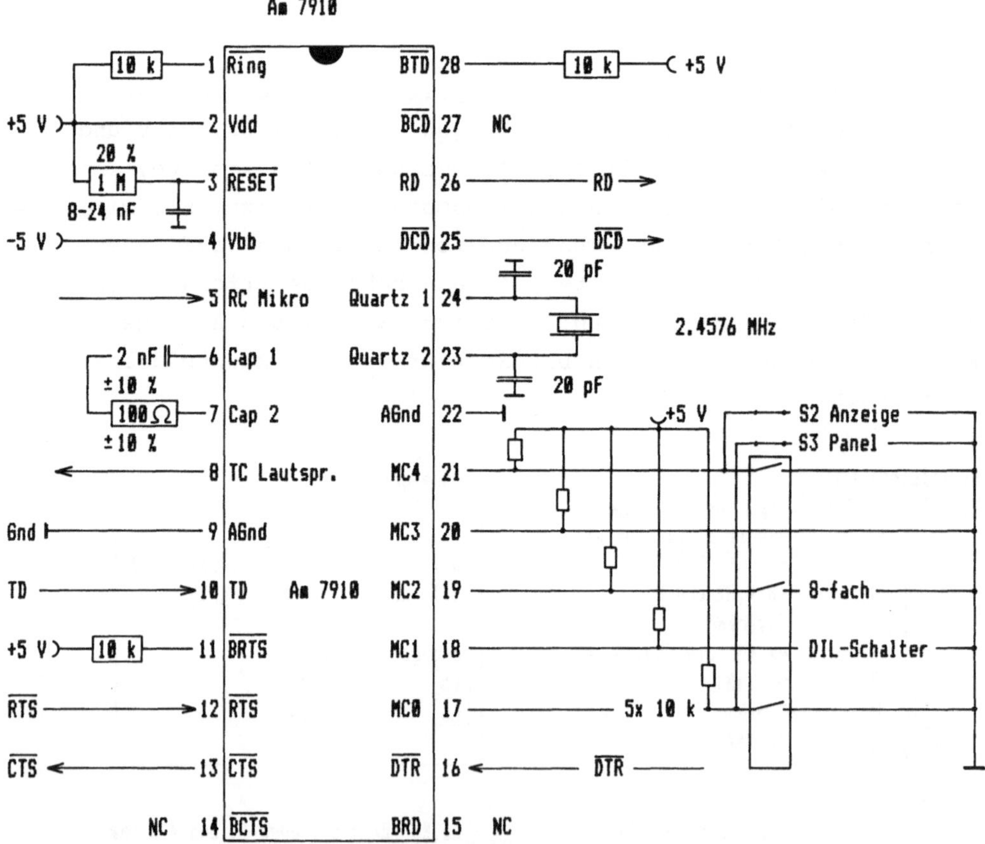

Bild 6.4 Der World-Chip Am 7910

Die beiden Verstärker für Mikrofon und Lautsprecher sind bis auf einen Kondensator gleich:

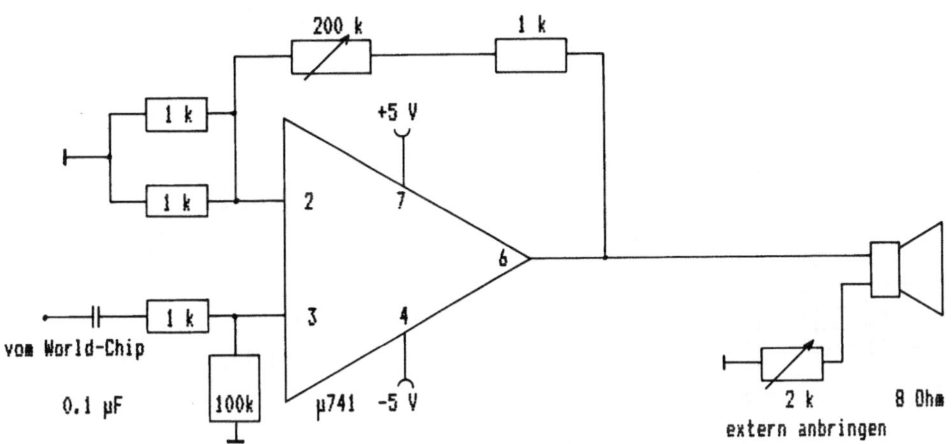

Bild 6.5 Verstärker für den Lautsprecher

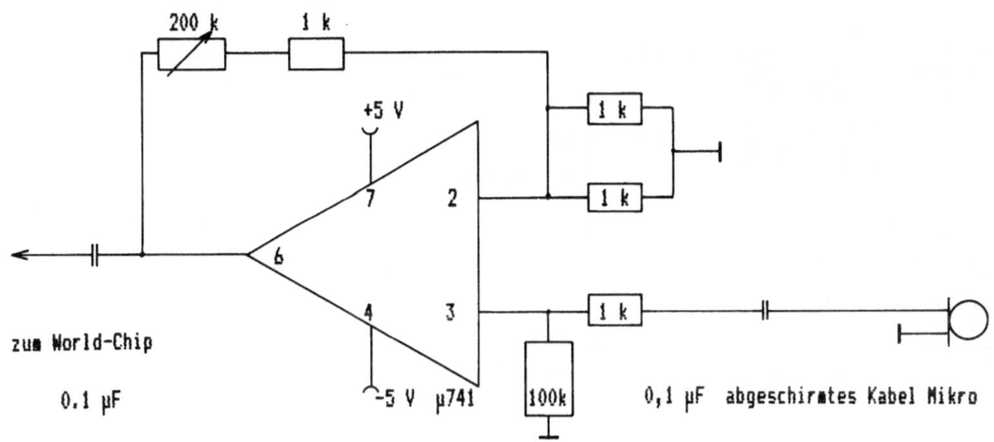

Bild 6.6 Verstärker für das Mikrofon

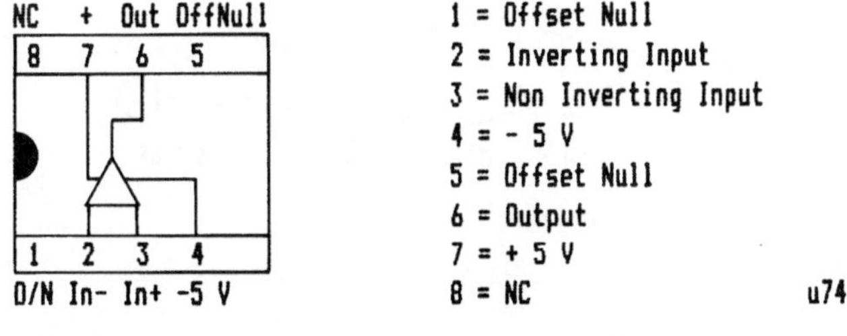

Bild 6.7 Anschlußbelegung µ 741

Das Mikrofon muß dynamisch sein, ansonsten kann jede Mikrofonkapsel genommen werden. Der Lautsprecher sollte eine Impedanz von 8 Ohm und einen geringen Durchmesser haben.

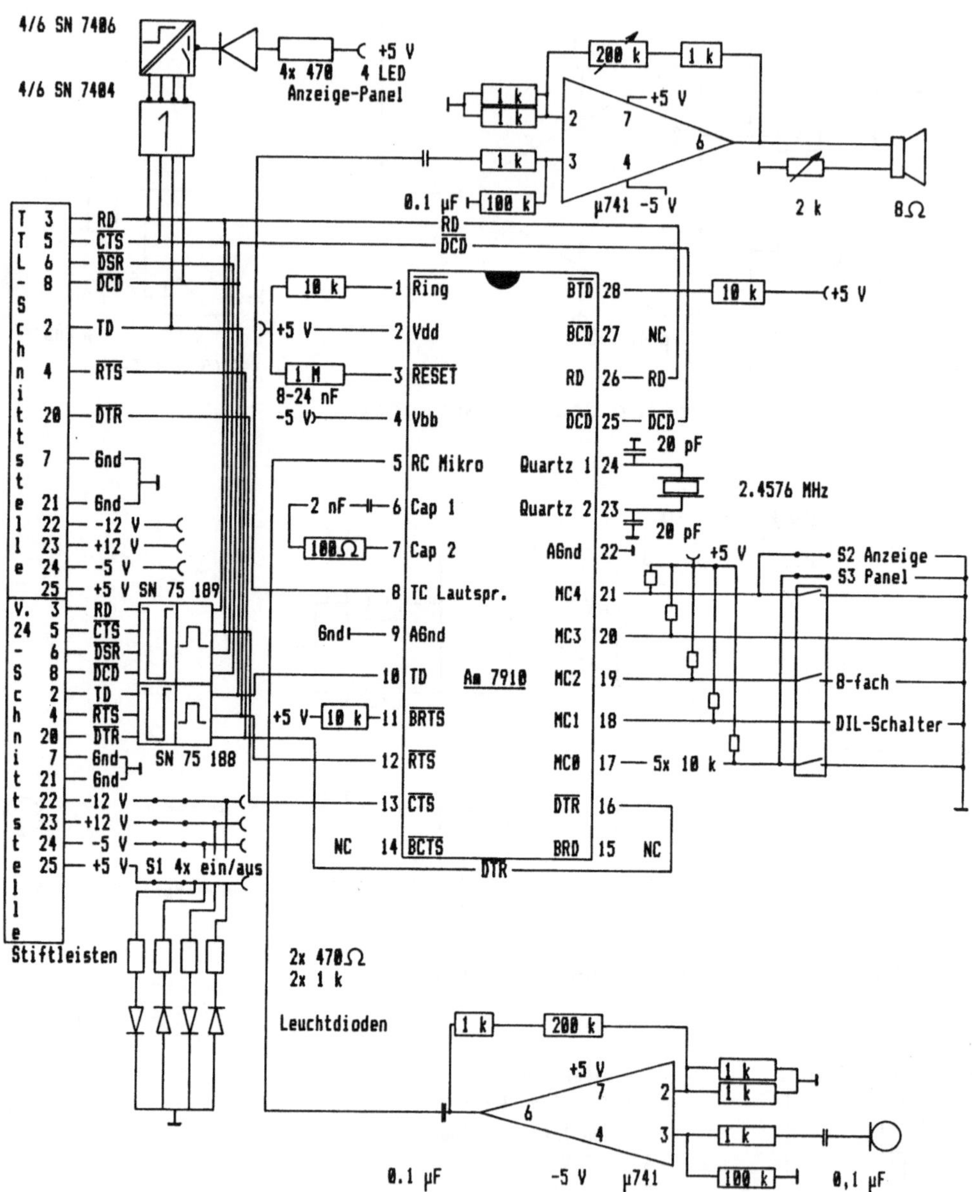

Bild 6.8 Gesamtschaltung Akustik-Koppler

Bild 6.8 zeigt die Gesamtschaltung des Akustik-Kopplers. Der Quartz zeigt die Tendenz, nicht von alleine anzuschwingen. Es hilft, wenn man das Gehäuse des Quartzes mit einem Draht umwickelt und diesen mit dem Metallgehäuse des Ein-/Ausschalters verbindet.

Mikrofon und Lautsprecher müssen nun in ein schalldichtes Gehäuse gepackt werden, und zwar so, daß der Telefonhörer auf beide gelegt werden kann. Bei diesem Kästchen ist des Lesers volle Kreativität gefordert. Handelt es sich nur um eine Haussprechanlage, so kann ein Zweithörer fest in das Gehäuse gelegt und schallsicher in einem Schrank versteckt werden. Über einen Vierfach-Schalter kann dann das Haustelefon in normaler Funktion oder als Datentransfer-Gerät benutzt werden.

Der World-Chip ist leider recht teuer. Mitte 1985 kostete er im Versandhandel ca 90,- DM. Er wird in Deutschland u.a. von der Firma Advanced Micro Devices GmbH, Rosenheimer Str. 139 in 8000 München 80, Telefon 08 9 / 40 19 76 vertrieben. Tatsächlich bezogen werden kann er dann von der Firma Nordelektronik Vertriebs GmbH, Carl-Zeiss-Str. 6, 2085 Quickborn, Telefon 04 10 6 / 72 07 2.

7 Test des Akustik-Kopplers

Die einzelnen Teile des Akustik-Kopplers können separat getestet werden. Stecken Sie bitte noch nicht den World-Chip in die Fassung. Zum "Schlachten" ist er doch zu teuer.

Überprüfen Sie zuerst, ob an irgendeinem Pin des World-Chips eine Spannung von +12 V oder -12 V anliegt - das wäre tödlich.

Wir beginnen mit den Pegelwandlern. Dies ist gleichzeitig ein Test für die Leuchtdioden des Anzeige-Panels. Legen Sie an die Pins der Stiftleiste für die V.24-Schnittstelle folgende Spannungen. Am World-Chip müssen dann die genannten Spannungen auftreten und die Leuchtdioden entsprechen leuchten:

Sie legen an Stiftleiste V.24	Sie messen an Stiftleiste TTL	Sie messen am World-Chip	Leuchtdiode
Pin 2 TD -12 V	Pin 2 TD +5 V	Pin 10 TD +5 V	TD aus
Pin 2 TD +12 V	Pin 2 TD 0 V	Pin 10 TD 0 V	TD an
Pin 3 RD -12 V	Pin 3 RD +5 V	Pin 26 RD +5 V	RD aus
Pin 3 RD +12 V	Pin 3 RD 0 V	Pin 26 RD 0 V	RD an
Pin 5 $\overline{CTS}$ -12 V	Pin 5 $\overline{CTS}$ +5 V	Pin 13 $\overline{CTS}$ +5 V	$\overline{CTS}$ aus
Pin 5 $\overline{CTS}$ +12 V	Pin 5 $\overline{CTS}$ 0 V	Pin 13 $\overline{CTS}$ 0 V	$\overline{CTS}$ an
Pin 20 $\overline{DCD}$ -12 V	Pin 20 $\overline{DCD}$ +5 V	Pin 25 $\overline{DCD}$ +5 V	$\overline{DCD}$ aus
Pin 20 $\overline{DCD}$ +12 V	Pin 20 $\overline{DCD}$ 0 V	Pin 25 $\overline{DCD}$ 0 V	$\overline{DCD}$ an

Falls einer dieser Fälle nicht eintrifft, muß die entsprechende Stelle überprüft werden.

Am Anzeige-Panel müssen beim Einschalten alle 4 orangfarbenen Leuchtdioden angehen.

Geben Sie auf den Eingang des Mikrofonverstärkers eine Sinusfrequenz von ca. 1500 Hz geringer Amplitude. Beobachten Sie am Ausgang mit einem Oszilloskop die Schwingung. Stellen Sie den Trimmer so ein, daß die Amplitude der Schwingung maximal und die Schwingung trotzdem nicht verzerrt (übersteuert) ist. Sinus muß Sinus bleiben. Die Überprüfung kann auch mit einem Lautsprecher statt eines Oszilloskops durchgeführt werden.

Führen Sie die gleiche Prüfung mit dem Lautsprecherverstärker durch. Zusätzlich halten Sie jetzt den Lautsprecher auf das Mikrofon. Geben Sie die Sinusschwingung auf den Eingang des Lautsprecherverstärkers. Am Ausgang des Mikrofonverstärkers muß jetzt die Schwingung zu beobachten sein. Variieren Sie die Frequenz und/oder den Abstand Lautsprecher-Mikrofon. Natürlich liegt keine exakte Sinusschwingung vor, da der Lautsprecher das Signal verzerrt.

Wenn bis jetzt alles geklappt hat, können Sie den World-Chip in die Fassung stecken. "Wischen" Sie sich bitte Ihre Hände an der Heizung ab oder berühren Sie ein anderes großes Metallstück (N-MOS!). Achten Sie auf die Einkerbung. Schließen Sie jetzt den Akustik-Koppler an die Spannungsversorgung an. Nichts geschieht - das kann ohne genauere Kenntnisse frustrierend sein - aber es ist (hoffentlich) alles in Ordnung. In diesem Zustand kann nur die Schwingung des Quartzes mit dem Oszilloskop gemessen werden: 2,4576 MHz. Der World-Chip erwacht erst zum Leben, wenn $\overline{\text{DTR}}$ (Data Terminal Ready) und $\overline{\text{RTS}}$ (Request To Send) auf "low" gehen (siehe Abschnitt 5.3!). Legen Sie über Ihr Testgehäuse $\overline{\text{DTR}}$ und $\overline{\text{RTS}}$ auf "Ground" oder starten Sie das erste der BASIC-Programme im Kapitel 3 (dieses Programm macht das ebenfalls softwaremäßig). Jetzt muß die Leuchtdiode $\overline{\text{CTS}}$ am Anzeige-Panel leuchten und das Modem anfangen zu "pfeifen"! Wenn alles in Ordnung ist und Sie das Programm gestartet haben, muß es sogar anfangen zu "dudeln"!

Öffnen und Schließen Sie den Schalter S3 am Anzeige-Panel. Jetzt muß das Modem seine Frequenz ändern: Sie haben den Betriebs-Modus von "Originate" auf "Answer" und umgekehrt geändert!

Öffnen Sie den Schalter S2! Beide Leuchtdioden $\overline{CTS}$ und $\overline{DCD}$ leuchten. Sie befinden sich im Testmodus. Jedes Zeichen, das Sie jetzt hinausschicken, wird sofort wieder empfangen. Lassen Sie das zweite BASIC-Programm laufen. Sie senden jetzt alle ASCII-Zeichen von 32 bis 127 hinaus und empfangen sie wieder. Das Modem muß "dudeln" und der Bildschirm wird mit den Zeichen vollgeschrieben. Die Stellung des Schalters S3 hat hierauf keinen Einfluß. "Originate" und "Answer" sind gleichberechtigt. Sollten Sie das zweite Programm mit geschlossenem Schalter S2 laufen lassen, so wird aus dem Datenregister ein zufälliger Wert ausgelesen und auf dem Bildschirm dargestellt. Handelt es sich um ein Kontrollzeichen, kann das Programm abstürzen.

Klappt soweit alles - Gratulation, der Akustik-Koppler funktioniert. Beim Betrieb mit einem anderen Rechner müssen lediglich nur noch der Eingangspegel des Mikrofons (Trimmer verstellen!) und die Lautstärke des Lautsprechers angepaßt werden.

8 Die Assembler-Programme PEEK und POKE

Das UCSD-Pascal-System, wie jede andere höhere Programmiersprache, entbindet den Benutzer weitgehend von den "niederen" Arbeiten in der Speicherhierarchie des Rechners. Er weiß nicht, wie und wo einzelne Daten und Variablen abgespeichert sind. Diesen Komfort erkauft man sich durch Inflexibilität und teilweisen Verzicht auf Schnelligkeit. Daher kann man Programmteile, die die Benutzung spezieller Speicheradressen verlangen oder besonders zeitkritisch sind, in Assembler schreiben und dann in die Pascal-Programme einbinden. Es ist jedoch sehr mühselig, für jedes kleine Problem ein Assembler-Programm aufzustellen. Deshalb sollen an erster Stelle die beiden besonders wichtigen Funktionen und Prozeduren "PEEK" und "POKE" simuliert werden.

Natürlich durchbrechen Funktionen und Prozeduren vom Typ "PEEK" und "POKE" die Pascal-Struktur. Sie sind jedoch unumgänglich, wenn spezielle Adressen angesprochen werden sollen und das Programm gleichzeitig sehr schnell sein muß.

Ich setze voraus, daß der Leser sich im Apple-Pascal-System auskennt. Hierzu gibt es neben den beiden Benutzerhandbüchern "Language Reference Manual" und "Operating System Reference Manual" von Apple weitere Bücher (siehe Anhang). Die Benutzung des Assembler-Systems ist in den Manuals nur kurz beschrieben, die Abweichungen von Assembler-Programmen, die in BASIC-Programmen eingebunden sind, fast überhaupt nicht. Ich werde durchgehend das System nur soweit beschreiben, wie es für das vorliegende Buch notwendig ist.

Mit Hilfe des folgenden einfachen Assembler-Programms ist es möglich, Werte in einen bestimmten physikalischen Speicher abzulagern und wieder zu lesen. Entsprechend den Begriffen aus BASIC-Programmen nenne ich diese Prozeduren und Funktionen PEEK und POKE. Die Funktion PEEK hat einen Parameter vom Typ INTEGER - die Adresse des Speichers - und liefert als Ergebnis ebenfalls einen INTEGER - den Inhalt des Speichers. Die Prozedur POKE hat zwei Parameter, einen vom Typ INTEGER - die Speicheradresse - und einen vom Typ CHAR - den Speicherinhalt. Beide Funktionen und Prozeduren lassen sich in einem Assembler-Programm verarbeiten. Wegen ihrer Bedeutung sollten sie in die SYSTEM.LIBRARY eingebracht werden.

Assembler-Programm PEEKASS

```
;--------------------------------------------
; PEEK und POKE
; Makros
;--------------------------------------------

         .MACRO POP      ; Pascal-Startadresse
         PLA
         STA %1
         PLA
         STA %1+1
         .ENDM
         .MACRO PSH      ; Pascal-Rücksprung
         LDA %1 +1
         PHA
         LDA %1
         PHA
         .ENDM

;-----------------------------------------------
; Vereinbarung von Adressen und Variablen
;-----------------------------------------------
```

```
RETURN   .EQU 0
ADRESSE  .EQU 2
WERT     .EQU 4
KEYBOARD .EQU 0C000
STROBE   .EQU 0C010

;-----------------------------------------------
; Die Prozeduren und Funktionen
; Die Prozedur Poke, 2 Parameter
; Die Funktion Peek, 1 Parameter
;-----------------------------------------------

         .PROC POKE,2
         POP RETURN
         PLA
         STA WERT
         PLA
         STA WERT+1
         PLA
         STA ADRESSE
         PLA
         STA ADRESSE+1
         LDA WERT
         LDY #0
         STA @ADRESSE,Y
         PSH RETURN
         RTS


         .FUNC PEEK,1
         POP RETURN
         PLA
         PLA
         PLA
         PLA
```

```
         PLA
         STA ADRESSE
         PLA
         STA ADRESSE+1
         LDA #0
         PHA
         LDY #0
         LDA $ADRESSE,Y
         TAX
         TXA
         PHA
         PSH RETURN
         RTS

         .END

;-----------------------------------------
;    end of assembly
;-----------------------------------------
```

Tippen Sie dieses Programm ein. Beachten Sie: Die Befehle beginnen hier erst in Spalte 10, Labels in Spalte 1. Bemerkungen können weggelassen werden. Diese beginnen mit einem Semikolon. Verlassen Sie den Editor mit Quit, Write "PEEKASS" und Exit. Beachten Sie jetzt, daß folgende System-Programme auf der Diskette sein sollten: SYSTEM.ASSMBLER, 6500.OPCODES, 6500.ERRORS. Auf der Boot-Diskette muß noch für einen vom Assembler erzeugten Zwischenfile Platz sein. Tippen Sie von der Hauptmenükarte "A" ein. Der Assembler meldet sich und fragt nach dem zu assemblierenden Programm (Assemble what text ?). Geben Sie "PEEKASS" ein. Das zugehörige Code-Programm sollte zweckmäßigerweise denselben Namen haben, geben Sie daher bei der zweiten Frage (To what code file ?) "$" ein. Ein Listing ist nicht erforderlich, geben Sie bei der dritten

Frage (Output file for assembled listing ?) nur "RETURN" ein. Wenn Sie im Assembler-Programm einen Fehler haben, so meldet sich der Assembler und gibt die entsprechende Fehlermeldung aus. Gehen Sie wie im Pascal-System gewohnt in den Editor und korrigieren Sie. Wiederholen Sie dann alle Schritte. Ist das Programm fehlerfrei, so befinden sich auf der Diskette jetzt die beiden Programme "PEEKASS.TEXT" und "PEEKASS.CODE". Wenn Sie häufig mit Assembler-Programmen arbeiten, ist es günstig, diese in einer Library zu sammeln, dies kann eine neue Library sein. Praktischer ist es jedoch, wichtige Routinen wie "POKE" und "PEEK" in der SYSTEM-LIBRARY auf der Boot-Diskette zur Verfügung zu haben.

Wir fügen jetzt das Assembler-Programm "PEEKASS", dessen Code sich im File "PEEKASS.CODE" befindet, in die SYSTEM-LIBRARY ein. Auf der Diskette APPLE 3 befindet sich der File LIBRARY.CODE. Von der Hauptmenükarte rufen Sie ihn mit "X" auf. Dieses Programm fragt zuerst nach dem "Output Codefile". Damit die SYSTEM-LIBRARY nicht überschrieben und damit zerstört wird, geben wir einen neuen Namen an, z. B. INTERFACE-LIB. In diese neue Library wollen wir zuerst die gesamte SYSTEM.LIBRARY einbringen. Daher geben wir bei der zweiten Frage (Link code file ->) SYSTEM.LIBRARY an. Wir wollen die gesamte Library übernehmen, daher geben wir jetzt ein "=" ein (slot # to link..). (Anmerkung: slot # ist hier einfach eine Durchnumerierung der Assembler-Programme oder UNITS. Slot hat hier nichts mit den acht Slots des Apple für Zusatzkarten zu tun.) Anschließend wird nach weiteren einzufügenden Programmen gefragt (Slot # to link..). Wir geben "N" und "PEEKASS" an. Diese Funktion belegt Slot #1, in der neuen INTERFACELIB ist dieser Slot jedoch schon belegt. Wir geben daher zuerst die 1 mit RETURN und dann den ersten freien Slot in der INTERFACELIB, z.B. 7 RETURN ein. Wir verabschieden uns mit Quit und bei

Notice? mit RETURN. Wir haben jetzt die Library INTERFACELIB erzeugt. Im Filer können wir durch den Transfer-Befehl INTERFACELIB auf die SYSTEM.LIBRARY überschreiben. Die Funktion "PEEK" und die Prozedur "POKE" stehen uns jetzt in allen Pascal-Programmen zur Verfügung.

Erläuterungen zum Programm: Das Apple-Pascal-System legt momentan benutzte Adressen für den Benutzer unsichtbar auf einem sogenannten Stapel (Stack) ab. Dies ist ein vom System selbst verwalteter Speicherbereich. Die bei Aufrufung des Assembler-Programms gerade benutzte Adresse muß als oberstes Wort des Stapels in einen Hilfsspeicher gerettet werden, damit das Programm an der gleichen Rücksprungadresse fortgesetzt werden kann. Die Adresse besteht aus zwei Bytes.

Programmteile, die im gesamten Assembler-Programm zur Verfügung stehen sollen, werden als Makros am Anfang des Programms definiert. Makro POP holt die momentane Programmzeigeradresse vom Stack und legt sie in die Hilfsspeicher RETURN und RETURN+1 auf der sogenannten "Zeropage" ab. Makro PSH holt die beiden Bytes aus diesen Speichern und legt sie wieder auf den Stack zurück. Für Hilfsspeicher stehen auf der "Zeropage" die hexadezimalen Adressen 0 bis 35, FE und FF zur Verfügung (mit Einschränkungen, z.B. wenn TURTLEGRAPHICS benutzt wird). Der tatsächliche Wert von RETURN wird erst später im Programm festgelegt. Das %-Zeichen in den Makros wird dann durch den Wert von RETURN ersetzt. Im Makro POP wird das erste Byte der Adresse vom Stack geholt und in RETURN abgelegt (PLA und STA %1), dann das zweite Byte in der um 1 erhöhten Adresse RETURN (PLA und STA %1+1). Im Makro PSH muß derselbe Vorgang in umgekehrter Reihenfolge ablaufen, das zweite Byte wird aus dem Hilfsspeicher RETURN+1 geholt und auf den Stack gepackt (LDA %1 und PHA), dann das erste Byte (LDA %1+1 und PHA).

Erläuterung der Prozedur POKE: Die Bedeutung des Makros wurde bereits erläutert. Sollen Parameter übergeben werden, so muß die Anzahl angegeben werden (.PROC POKE,2). Diese Parameter müssen als erstes vom Stack geholt werden, für jeden Parameter ein Wort zu zwei Bytes (PLA STA WERT PLA STA WERT+1 PLA STA ADRESSE PLA STA ADRESSE+1). Nun wird mit Hilfe der indirekten Adressierung der Inhalt des Akkus in den Speicher, dessen Adresse mit dem Wert des Hilfsspeichers ADRESSE (02 auf der "Zeropage") übereinstimmt, geschrieben (LDA WERT LDY #0 STA §ADRESSE,Y).

Erläuterung der Funktion PEEK: PEEK ist eine Funktion, daher müssen der Parameter der Funktion und der Wert der Funktion über den Stack übertragen werden. Oben auf dem Stack liegen zwei Worte zu 4 Bytes als leerer Platz für den Wert der Funktion (PLA PLA PLA PLA). Danach folgt ein Wort zu zwei Bytes für die Angabe der Adresse (PLA). Dieser Wert wird in die Hilfsspeicher 02 auf der "Zeropage", der auch die Bezeichnung ADRESSE hat, eingespeichert (STA ADRESSE PLA STA ADRESSE+1). Nun wird mit Hilfe der indirekten Adressierung der Inhalt des Speichers, dessen Adresse mit dem Inhalt des Hilfsspeicher 02 übereinstimmt, in den Akku geladen (LDY #0 LDA §ADRESSE,Y). Dieser Wert wird auf den Stack gepackt und steht somit dem Pascal-Benutzer zur Verfügung. Da PEEK nur die Werte 0 bis 255 enthält, ist nur ein Byte erforderlich, das "High-Byte" wird auf 0 gesetzt (LDA #0 PHA).

Geben Sie das folgende Pascal-Programm im Editor ein. Es zeigt deutlich die Benutzung der beiden Befehle PEEK und POKE. Schreiben Sie es unter dem Namen PEEKPOKE auf eine Diskette.

```
PROGRAM PEEKPOKE;

VAR ADR,INH,WAHL:INTEGER;
    C:CHAR;

FUNCTION PEEK(ADRESSE:INTEGER):INTEGER;EXTERNAL;

PROCEDURE POKE(ADRESSE:INTEGER;WERT:CHAR);EXTERNAL;

FUNCTION KEYPR:BOOLEAN;EXTERNAL;

PROCEDURE WEITER;
BEGIN
   GOTOXY(0,22);
   WRITE('Weiter: Bitte Taste drücken. ');
   REPEAT UNTIL KEYPR;
END;

BEGIN
    REPEAT
       WRITE(CHR(12));
       WRITELN('Peeken und Poken in Pascal');
       WRITELN('==========================');
       GOTOXY(0,5);
       WRITELN('0 - ENDE');WRITELN;
       WRITELN('1 - POKEN');WRITELN;
       WRITELN('2 - PEEKEN');
       REPEAT
          GOTOXY(0,15);
          WRITE('===> ');READ(C);
          WAHL:=ORD(C)-48;
       UNTIL (WAHL>=0) AND (WAHL<=2);
       IF WAHL<>0 THEN
       BEGIN
          WRITE(CHR(12));
```

```
            WRITELN('Peeken und Poken in Pascal');
            WRITELN('==========================');
            GOTOXY(0,5);
         END;
         CASE WAHL OF 1:BEGIN
                          WRITELN('POKEN:');
                          WRITELN('------');
                          WRITELN;
                          WRITE('Speicher - Adresse ===>');
                          READLN(ADR);
                          WRITELN;
                          WRITE('Speicher - Inhalt  ===>');
                          READLN(INH);
                          POKE (ADR,CHR(INH));
                          WEITER;
                       END;
                     2:BEGIN
                          WRITELN('Peeken:');
                          WRITELN('-------');
                          WRITELN;
                          WRITE('Speicher - Adresse ===>');
                          READLN(ADR);
                          WRITELN;
                          WRITE('Speicher - Inhalt : ');
                          WRITE(PEEK(ADR):5);
                          WEITER;
                       END;
        END;
     UNTIL WAHL=0;
END.
```

Kompilieren Sie dieses Programm. Es ist noch nicht lauffähig, da es erst mit PEEKASS.CODE "gelinkt" werden muß. Rufen Sie mit "L" den SYSTEM.LINKER auf. Beantworten Sie wieder alle Fragen:

Frage: Host file ? Antwort: PEEKPOKE
Frage: Lib file ? Antwort: PEEKASS (oder * für die SYSTEM.LIBRARY, da wir PEEKASS dort hineingeschrieben haben)
Frage: Lib file ? Antwort: RETURN
Frage: Map file ? Antwort: RETURN
Frage: Output file ? Antwort: PEEKPOKE

Das Programm ist jetzt lauffähig und kann mit "R" oder "XPEEKPOKE" gestartet werden. "Poken" Sie einige Werte in einen Speicher. Der gewählte Speicher darf selbstverständlich nicht intern vom Pascal-System genutzt werden, da sonst schlimme Dinge passieren können (Absturz des Programms). Wählen Sie z.B. Speicher im Bereich 10000 bis 11000.

Für ganz Ungläubige gibt es folgenden Nachweis, daß PEEK und POKE funktionieren. "Poken" Sie einen Wert in einen Speicher. Drücken Sie dann kurz hintereinander zweimal die RESET-Taste. Sie befinden sich jetzt im ROM-BASIC. Durch den BASIC-Befehl PEEK können Sie direkt den Inhalt des Speichers überprüfen!

9 Die Initialisierung des ACIA 6551

Der ACIA 6551 wird durch vier Register (Speicher) gesteuert:

1. das Datenregister,
2. das Statusregister,
3. das Command-Register und
4. das Control-Register.

Das Datenregister besteht im Grunde genommen aus zwei Speichern: greift man schreibend auf es zu, so schreibt man die zu sendenden Daten in das "Transmit Data Register" (TD), greift man lesend zu, so erhält man die eingelaufenen Daten des "Receive Data Registers" (RD). Beide haben jedoch dieselbe Adresse. Ich werde diese Adresse mit ACIA bezeichnen.

Das Statusregister zeigt den akuellen Zustand des ACIA an, wenn man lesend auf es zugreift. Schreibender Zugriff führt zu einem Reset. Die Adresse ist ACIA+1.

Das Command-Register steuert die Überprüfung der Parität, die Empfangsunterbrechungen, den Zustand von $\overline{\text{RTS}}$ ($\overline{\text{Request To Send}}$) und von $\overline{\text{DTR}}$ ($\overline{\text{Data Terminal Ready}}$). Diese Adresse lautet ACIA+2.

Das Control-Register bestimmt die Anzahl der Stop-Bits, die Anzahl der Datenbits, den externen oder internen Takt und die Übertragungsgeschwindigkeit. Die Adresse ist ACIA+3.

Die tatsächliche Adresse von ACIA und damit auch der übrigen drei Register hängt von dem Slot ab, in dem das Interface steckt. Es gilt:

ACIA = $C080 + 10*SLOT hexadezimal
ACIA = -16256 +16*SLOT dezimal.

Diese Basisadresse bildet die Grundlage der Initialisierung. Ich bespreche jetzt diese vier Register einzeln.

1. Das Datenregister DATA=ACIA

Das Datenregister kann beschrieben werden (TD) oder gelesen werden (RD). Jedes Beschreiben bzw. Lesen führt zu einer Änderung des Statusregisters. Diese Änderungen werden beim Statusregister besprochen.

2. Das Statusregister STATUS=ACIA+1

Das Statusregister ist das komplizierteste der vier Register. Jedes Bit hat eine einzelne Bedeutung. Es wird vom Lesen und Schreiben des Datenregisters beeinflußt. Es bedeuten:

Bit 7: $\overline{\text{IRQ}}$ ($\overline{\text{Interrupt}}$) 0:kein Interrupt; 1:Interrupt
Jedes einlaufende Zeichen erzeugt einen Interrupt. Die IRQ-Leitung geht auf "low". Jedes Lesen des Datenregisters löscht diese $\overline{\text{IRQ}}$-Flag, die $\overline{\text{IRQ}}$-Leitung geht dann auf "high".

Bit 6: $\overline{\text{DSR}}$ ($\overline{\text{Data Set Ready}}$) 0:$\overline{\text{DSR}}$ bereit; 1:$\overline{\text{DSR}}$ nicht bereit
$\overline{\text{DSR}}$ wird von uns nicht beachtet.

Bit 5: $\overline{\text{DCD}}$ ($\overline{\text{Data Carrier Detected}}$) 0:$\overline{\text{DCD}}$ detected; 1:$\overline{\text{DCD}}$ not detected. Das Setzen dieses Bits ist Voraussetzung für einen Empfang.

Bit 4: Datensenderegister (TD) 0:leer; 1:voll
Erst wenn das ganze Zeichen seriell "raus" ist, geht dieses Bit auf "low". Dies verhindert, daß Zeichen zu schnell "rausgeschickt" werden.

Bit 3: Datenempfangsregister (RD) 0:leer; 1:voll
Wenn ein ganzes Zeichen (Byte) empfangen wurde, geht dieses Bit auf "high". Dies verhindert, daß während einer Umwandlung auf das Datenregister zugegriffen wird.

Bit 2: Überlauf 0:kein Fehler; 1:Fehler, Datenverlust
Wir werden dieses Bit nicht beachten.

Bit 1: Taktfehler 0:kein Fehler; 1:Fehler
Wir werden dieses Bit nicht beachten.

Bit 0: Paritätsfehler 0:kein Fehler; 1:Fehler
Wir werden dieses Bit nicht beachten.

3. Das Command-Register COMMAND=ACIA+2

Das Command-Register bestimmt die Paritätsbedingungen, den Zustand von $\overline{\text{RTS}}$ ($\overline{\text{Request To Send}}$) und $\overline{\text{DTR}}$ ($\overline{\text{Data Terminal Ready}}$) sowie die $\overline{\text{IRQ}}$-Bedingungen.

Bit 7	6	5	
x	x	0	keine Parität beim Senden und Empfangen
0	0	1	ungerade Parität beim Senden und Empfangen
0	1	1	gerade Parität beim Senden und Empfangen
1	0	1	Senden: 1 statt Parität, Test auf Parität abgeschaltet
1	1	1	Senden: 0 statt Parität, Test auf Parität abgeschaltet.

Wir werden "even parity" einschalten, also Bit 7 nicht gesetzt, Bit 6 und 5 gesetzt (entspricht dezimal 96).

Bit 4: Echo 0:normal; 1:Echo
Wir setzen normal.

Bit 3	2		
0	0	$\overline{\text{RTS}}$ Pegel "high" (nicht aktiv)	TD $\overline{\text{IRQ}}$ abgestellt
0	1	$\overline{\text{RTS}}$ Pegel "low" (aktiv)	TD $\overline{\text{IRQ}}$ eingeschaltet
1	0	$\overline{\text{RTS}}$ Pegel aktiv	TD $\overline{\text{IRQ}}$ abgestellt
1	1	$\overline{\text{RTS}}$ Pegel aktiv ("Break")	TD $\overline{\text{IRQ}}$ abgestellt

Da wir nicht mit der Transmitter-Unterbrechung arbeiten, $\overline{\text{RTS}}$ Pegel "low" sein soll (siehe Text!), wählen wir: Bit 3 gesetzt, Bit 2 nicht (entspricht 8 dezimal).

Bit 1: Empfangsunterbrechung (RD) $\overline{\text{IRQ}}$ 0:eingeschaltet;

1:ausgeschaltet.
Wir werden die Empfangs-Unterbrechung nutzen, um festzustellen, ob ein Zeichen empfangen wurde.
Daher: Bit 1 nicht gesetzt (entspricht 0 dezimal).

Bit 0: $\overline{\text{DTR}}$ (Data Terminal Ready) 0:"high"; 1:"low"
$\overline{\text{DTR}}$ muß auf "low" liegen (siehe Text!). Daher muß Bit 0 gesetzt sein (entspricht 1 dezimal).

Zusammen ergibt dies einen Wert von 105 dezimal. Das Command-Register muß mit dem Wert 105 belegt werden.

4. Das Control-Register CONTROL=ACIA+3

Das Control-Register bestimmt die Anzahl der Datenbits, der Stop-Bits und die Übertragungsgeschwindigkeit.

Bit 7: 0:1 Stop-Bit; 1:2 Stop-Bits oder 1 Stop-Bit bei 8 Datenbits oder 1,5 Stop-Bits bei 5 Datenbits und ungerader Parität.
Wir wählen 2 Stop-Bits, daher muß Bit 7 gesetzt sein (dezimal 128).

```
Bit 6  5
    ----
    0  0 8 Datenbits
    0  1 7 Datenbits
    1  0 6 Datenbits
    1  1 5 Datenbits
```

Wir wählen 7 Datenbits, daher muß Bit 5 gesetzt sein (dezimal 32).

Bit 4: 1:interner Takt-Generator; 0:externer Takt-Generator.
Bit 4 muß immer gesetzt sein (dezimal 16)!

```
Bit 3  2  1  0
    ----------
    0  0  0  0         illegal
    0  0  0  1     50  Bd
    0  0  1  0     75  Bd
```

0	0	1	1	110 Bd
0	1	0	0	134,5 Bd
0	1	0	1	150 Bd
0	1	1	0	300 Bd
0	1	1	1	600 Bd
1	0	0	0	1200 Bd
1	0	0	1	1800 Bd
1	0	1	0	2400 Bd
1	0	1	1	3600 Bd
1	1	0	0	4800 Bd
1	1	0	1	7200 Bd
1	1	1	0	9600 Bd
1	1	1	1	19200 Bd

Da wir mit 300 Bd arbeiten werden, müssen Bit 2 und 1 gesetzt sein (dezimal 6).

Zusammen muß das Control-Register also mit 182 besetzt werden.

Fassen wir zusammen: Wir arbeiten mit "even parity", $\overline{RTS}$ Pegel "low", Transmitter-Unterbrechung abgestellt, Receiver-Unterbrechung eingeschaltet, $\overline{DTR}$ auf "low". Wir wählen 2 Stop-Bits bei 7 Datenbits, das Interface benutzt den internen Taktgenerator. Die Übertragungsgeschwindigkeit beträgt 300 Bd. Zur Initialisierung muß das Command-Register daher mit 105 und das Control-Register mit 182 besetzt werden. Ein empfangenes Zeichen erzeugt einen Interrupt (Unterbrechung). Dann ist Bit 7 des Statusregisters gesetzt. Ein Lesen des Datenregisters löscht dieses Bit. Eine Abfrage auf ein empfangenes Zeichen muß also lauten:

```
IF PEEK(STATUS)>127 THEN I:=PEEK(DATA)...
```

Ein Zeichen darf erst dann gesendet werden, wenn das Datensenderegister leer ist. Eine entsprechendes Programm muß daher Bit 4 des Statusregisters abfragen.

```
   REPEAT I:=PEEK(STATUS);I:=I-(I DIV 32)*32;UNTIL I>=16;
   POKE(DATA,CHR(...));
```

Das Initialisierungsprogramm hat somit folgendes Aussehen:

```
PROGRAM DFUE;

VAR SLOT,ACIA,DATA,STATUS,COMMAND,CONTROL,I,J:INTEGER;

FUNCTION PEEK(ADRESSE:INTEGER):INTEGER;EXTERNAL;

PROCEDURE POKE(ADRESSE:INTEGER;WERT:CHAR);EXTERNAL;

PROCEDURE INITIALISIERUNG;
BEGIN
   SLOT:=2;
   ACIA:=-16256+16*SLOT;
   DATA:=ACIA;
   STATUS:=ACIA+1;
   COMMAND:=ACIA+2;
   CONTROL:=ACIA+3;
   POKE(COMMAND,CHR(105));
   POKE(CONTROL,CHR(182));
END;

BEGIN
   INITIALISIERUNG;
   FOR I:=1 TO 300 DO
   BEGIN
      REPEAT
         J:=PEEK(STATUS);
         J:=J MOD 32;
      UNTIL J>=16;
      POKE(DATA,'A');
   END;
END.
```

Dieses Programm entspricht genau dem ersten BASIC-Testprogramm in Kapitel 3. Es muß noch mit der SYSTEM.LIBRARY oder PEEKASS "gelinkt" werden. Verbinden Sie noch Pin 4 mit Pin 5 und Pin 8 mit Pin 20, wenn Sie ohne Akustik-Koppler arbeiten. Mit Akustik-Koppler brauchen Sie nur Schalter S2 auf "TEST" zu stellen. Sobald Sie das Programm danach laufen lassen, muß die Leuchtdiode für $\overline{\text{CTS}}$ leuchten und für ca. 12 Sekunden TD flackern. Das folgende Programm entspricht dem zweiten BASIC-Testprogramm. Dazu muß noch zusätzlich Pin 2 mit Pin 3 verbunden werden. Es ist hier nur das Hauptprogramm wiedergegeben:

```
BEGIN
   INITIALISIERUNG;
   FOR I:=32 TO 127 DO
   BEGIN
      REPEAT
         J:=PEEK(STATUS);
         J:=J MOD 32;
      UNTIL J>=16;
      POKE(DATA,CHR(I));
      REPEAT
      UNTIL PEEK(STATUS)>127;
      WRITE(CHR(PEEK(DATA)),' ');
   END;
END.
```

10 Das Polling-Verfahren (Empfang)

In Pascal ist es schwieriger als in BASIC, auf Hardware-Interrupts zu reagieren. Wir werden daher eine andere Methode finden, empfangene Daten zu erfassen. Das Problem lautet: Immer, wenn keine anderen Aufgaben zu erledigen sind, soll der Rechner auf einlaufende Daten warten. Der Computer soll bei einem DFÜ-Programm also zu 99% der Zeit in einer Warteschleife laufen. Dieses Verfahren nennt man "Polling".

```
PROCEDURE INPUT;
BEGIN
   I:=PEEK(DATA);
   (* weitere Verarbeitung der Daten... *)
END;

PROCEDURE POLLING;
BEGIN
   REPEAT
      IF PEEK(STATUS) >127 THEN INPUT;
   UNTIL PEEK(KEY)>128;
   (* KEY ist die Adresse $C000 = Taste gedrückt? *)
END;
```

Das Programm erklärt sich von alleine.

11 Der Bildschirm-Editor

Dieses Programm wurde mit der Absicht geschrieben, dem Benutzer die volle Kontrolle über den Bildschirm zu geben. Bei der Benutzung der 80-Zeichen-Karte tun sich in Pascal ungeahnte Probleme mit dem "Bank-Switching" auf. Um dieses Programm allgemeiner benutzen zu können, habe ich einen eigenen Bildschirm-Editor im "Scrolling-Modus" aufgebaut. Er ermöglicht es, mit dem Cursor über den gesamten Bildschirm zu laufen und die horizontal überwanderten Zeichen aufzunehmen. Diese können dann zum Partner abgeschickt werden. Die Behandlung der Cursor-Befehle wird im nächsten Kapitel beschrieben.

Für den Bildschirm wird ein Feld SCREEN aufgebaut, dessen Index von MIN bis MAX=24*80-1+MIN=MIN+1919 läuft. Jeder Index repräsentiert einen bestimmten Platz auf dem Bildschirm. Wird ein Zeichen C über das serielle Interface oder über die Tastatur eingelesen, so wird bei einem druckfähigen Zeichen (ASCII > 31) zuerst der Ort auf dem Bildschirm bestimmt. Dies bewirkt die Prozedur ORT. ORT bestimmt
- die Ortskoordinate x aus XSPEICHER,
- die Ortskoordinate y aus YSPEICHER und
- hieraus den momentanen Index U des Feldes SCREEN.

Danach wird das Zeichen auf dem Bildschirm ausgegeben. Das Zeichen wird in den Bildschirmspeicher SCREEN aufgenommen und die Laufzahl U erhöht. Ist der Bildschirmspeicher gefüllt (X=80, Y=23), wird er wieder vom Anfang an aufgefüllt. Um den Scrolling-Effekt zu erzielen, müssen gleichzeitig noch die Zeilen mitgezählt werden. Dies erfolgt, wenn in den Prozeduren ZEILEN und ORT ORD(C) gleich 10 ist. Insgesamt muß die Prozedur INPUT erweitert werden.

XSPEICHER und YSPEICHER sind zwei für jede 80-Zeichen-Karte typische Speicher für die Cursor-Position. Diese sind im Deklarationsteil als Konstanten angegeben.

```
PROGRAM DFUE;
CONST MAX=22015;
      MIN=20096;          (* MAX - 1919 *)
      SCREENTOP=1919;     (* 80 * 24 *)
      XSPEICHER=1403;     (* bitte an eigene *)
      YSPEICHER=1531;     (* 80-Zeichen-Karte anpassen *)

VAR U,X,Y,I,LINIE,LINE,KEY,SLOT,
    ACIA,DATA,STATUS,COMMAND,CONTROL:INTEGER;
    SCREEN:PACKED ARRAYÄ0..MAXÜ OF CHAR;
    ZEILE:ARRAYÄ0..23Ü OF INTEGER;
    C:CHAR;

PROCEDURE ZEILEN;
BEGIN
   LINE:=LINE-LINIE;
   IF LINE<0 THEN LINE:=24+LINE;
END;

PROCEDURE ORT;
BEGIN
   X:=PEEK(XSPEICHER);
   Y:=PEEK(YSPEICHER);
   U:=(Y-LINIE)*80+X+MIN;
   IF U<MIN THEN U:=U+1+SCREENTOP;
   IF U>MAX THEN U:=U-1-SCREENTOP;
END;

PROCEDURE INPUT;
BEGIN
   I:=PEEK(DATA);
   C:=CHR(I);
```

```
   IF I=10 THEN
   BEGIN
      LINE:=Y;
      ZEILEN;
      ZEILE[LINE]:=U;
      IF Y=23 THEN LINIE:=LINIE-1;
      IF LINIE<0 THEN LINIE:=23;
      WRITELN;
   END;
   ORT;
   IF (I>31) OR (I=12) THEN WRITE(C);
   IF I>31 THEN
   BEGIN
      SCREEN[U]:=C;
      U:=U+1;
      IF U>MAX THEN U:=MIN;
   END;
END;
```

Die Prozedur INPUT wird von der oben beschriebenen Prozedur POLLING aufgerufen. Es wird Ihnen aufgefallen sein, daß der Index von SCREEN nicht von 0 bis 24*80-1=1919 läuft, sondern viel höhere Werte annimmt. SCREEN speichert zusätzlich alle ein- und auslaufenden Zeichen - sofern gewünscht. Dies wird in Kapitel 14 beschrieben.

12 Cursorsteuerung

Das über die serielle Schnittstelle oder von der Tastatur eingelesene Zeichen sei C. Ist CHR(C)=8, 21 oder 27, so liegt eine Cursorbewegung vor. Andere Cursorbelegungen, insbesondere ohne ESC-Code (27), beschreibe ich in Kapitel 22 für den BASIS 108. In allen drei Fällen wird die Prozedur CURSOR aufgerufen. Falls der ESC-Code vorliegt, wird in CURSOR ein neues Zeichen Z eingelesen und entsprechend unterschieden, wie es die zusätzlichen Bezeichnungen der Konstanten im Deklarationsteil nahelegen (alle weiteren Variablen im Kapitel Bildschirm-Editor behalten Gültigkeit):

```
CONST LINKS=8;
      RECHTS=21;
      HOME=64;
      DOWN=67;
      UP=68;
      ZEILELOESCHEN=69;
      BILDLOESCHEN=70;

VAR J,K,Z,XALT:INTEGER;
    G:CHAR;
    BUFFER:PACKED ARRAY[0..511] OF CHAR;


PROCEDURE BILDSCHIRMLOESCHEN;
BEGIN
   GOTOXY(X,Y);
   IF Y>=LINIE THEN
   BEGIN
      K:=MAX-80*LINIE-1;
      FOR J:=U TO K DO
      BEGIN
```

```
            WRITE(' ');
            SCREEN[J]:=' ';
         END;
      END;
      IF Y<LINIE THEN
      BEGIN
         K:=MAX-1;
         FOR J:=U TO K DO
         BEGIN
            WRITE(' ');
            SCREEN[J]:=' ';
         END;
         I:=MIN;
         K:=MIN+(23-LINIE)*80+79;
         FOR J:=I TO K DO
         BEGIN
            WRITE(' ');
            SCREEN[J]:=' ';
         END;
      END;
   END;

   PROCEDURE CURSOR;
   BEGIN
      ORT;
      IF Z=LINKS THEN
      BEGIN
         XALT:=XALT-1;
         IF XALT<0 THEN XALT:=0;
         X:=X-1;
         IF X<0 THEN
         BEGIN
            X:=79;
            Y:=Y-1;
            IF Y<0 THEN Y:=23;
```

```
   END;
END;
IF Z=RECHTS THEN
BEGIN
   LINE:=Y;
   ZEILEN;
   IF U<ZEILE[LINE] THEN BUFFER[XALT]:=SCREEN[U]
   ELSE BUFFER[XALT]:=' ';
   WRITE(BUFFER[XALT]);
   XALT:=XALT+1;
   IF XALT>255 THEN XALT:=255;
   X:=X+1;
   IF X>79 THEN
   BEGIN
      X:=0;
      Y:=Y+1;
      IF Y>23 THEN Y:=0;
   END;
   IF Y=23 THEN ZEILE[LINE]:=MAX;
END;
IF Z=27 THEN
BEGIN
   ORT;
   READ(G);
   Z:=ORD(G);
   GOTOXY(X,Y);
   LINE:=Y;
   ZEILEN;
   IF U<ZEILE[LINE] THEN WRITE(SCREEN[U])
   ELSE WRITE(' ');
   IF Z=HOME THEN
   BEGIN
      Y:=0;
      X:=0;
   END;
```

```
        IF Z=DOWN THEN
        BEGIN
           Y:=Y+1;
           IF Y>23 THEN Y:=0;
        END;
        IF Z=UP THEN
        BEGIN
           Y:=Y-1;
           IF Y<0 THEN Y:=23;
        END;
        IF Z=ZEILELOESCHEN THEN
        BEGIN
           I:=U-1;
           GOTOXY(X,Y);
           REPEAT I:=I+1;
              WRITE(' ');
              SCREEN[I]:=' ';
           UNTIL (I-MIN) MOD 80=79;
        END;
        IF Z=BILDLOESCHEN THEN BILDSCHIRMLOESCHEN;
     END;
     GOTOXY(X,Y);
     ORT;
END;
```

Falls der Cursor sich nach rechts oder links bewegen soll, wird die Laufzahl U um 1 erhöht bzw. erniedrigt, ebenfalls die Ortskoordinate X. An den Bildschirmrändern muß zusätzlich die Zeilennummer erhöht bzw. erniedrigt werden. Wird die Bildschirmkante rechts oben bzw. links unten erreicht, springt der Cursor an das entgegengesetzte Bildschirmende in die x-Position 0.

Bewegt der Cursor sich nach rechts, werden die überwanderten Zeichen zusätzlich in den Sende-Puffer übernommen. Der

Inhalt dieses Feldes wird nach jedem RETURN über die serielle Schnittstelle abgeschickt.

Nach dem ESC-Code wird ein neues Zeichen eingelesen und dessen ASCII-Code bestimmt.

Ist dieser 64 ("Home"), springt der Cursor zur Bildschirmposition (0/0), ohne den Bildschirm zu löschen.

Ist dieser 67 ("down") oder 68 ("up"), so gilt entsprechendes wie bei 8 oder 21 (links bzw. rechts). Jetzt werden die Zeilennummern um 1 erhöht bzw. erniedrigt. Die Laufzahl U im Feld SCREEN wird um 80 erhöht bzw. erniedrigt. An den Bildschirmrändern tritt wieder der Sprung zur entgegengesetzten Seite ein.

Wird der ASCII-Code 69 (Zeileloeschen) eingelesen, so wird ab der Cursor-Position bis zum Ende der Zeile diese gelöscht. Der Cursor springt wieder an die ursprüngliche Stelle zurück.

Es kann weiterhin der gesamte Bildschirm gelöscht werden (70). Der Cursor geht dann in die "Home"-Position.

In allen Fällen wird am Ende der Prozedur ORT durchlaufen. Hier wird die Laufzahl U angepaßt.

13 Senden

Nach der Initialisierung springt das Programm in die Prozedur INOUT. Diese kann das Programm nur über die Prozedur FUNKTIONEN (Beschreibung folgt später) verlassen. Daher endet die REPEAT-Schleife mit UNTIL NEVER und NEVER ist immer FALSE. G ist das zu sendende Zeichen, das später in OUTPUT immer neu bestimmt wird.

Das Zeichen # nimmt in diesem Programm eine Sonderstellung ein. Es leitet alle Funktionen ein. Diese werden später beschrieben. Ist das zu sendende Zeichen ungleich #, dann wird die Prozedur OUTPUT angesprochen. OUTPUT geht in die POLLING-Prozedur, bis ein Zeichen empfangen oder eine Taste gedrückt wird. Hier kommt nur das letztere in Frage. Es wird die Cursor-Position und das Zeichen selbst bestimmt. Soll das eingelesene Zeichen eine Cursorbewegung darstellen, so wird die Prozedur CURSOR aufgerufen. Andernfalls, wenn das Zeichen nicht RETURN darstellt, wird es in den SCREEN-Speicher geladen. Der BUFFER-Speicher enthält alle zu sendenden Zeichen, bis ein RETURN oder # erscheint. Er ist auf 256 Zeichen beschränkt. Kommt ein #, so muß die momentane Position festgehalten und die Funktion ausgeführt werden. Kommt ein RETURN, so wird BUFFER bis zu dieser Position gesendet (SEND) und anschließend gelöscht. Die Zeile des Bildschirms wird bis zum Ende gelöscht.

Die Prozedur SEND mit dem Parameter BUCHST schickt ein Einzelzeichen zum Senderegister des ACIA, nachdem sie festgestellt hat, daß das Senderegister leer ist. In dieser Zeit wird nicht überprüft, ob ein Zeichen empfangen wird. Empfangene Zeichen gehen verloren.

Nach Betätigung der RETURN-Taste hat Senden Priorität!

```
VAR G:CHAR;
    NEVER:BOOLEAN;

PROCEDURE SEND(BUCHST:CHAR);
BEGIN
   REPEAT;
      I:=PEEK(STATUS);
      I:=I-(I DIV 32)*32;    (* Senderegister leer ? *)
   UNTIL (I>=16);
   POKE(DATA,BUCHST);        (* Senden *)
END;

PROCEDURE OUTPUT;
BEGIN
   REPEAT
      POLLING;
      Y:=PEEK(YSPEICHER);
      X:=PEEK(XSPEICHER);
      READ(G);
      Z:=ORD(G);
      IF (Z=LINKS) OR (Z=RECHTS) OR (Z=27) THEN CURSOR
      ELSE IF (G<>'#') AND (Z>31) AND NOT EOLN THEN
      BEGIN
         SCREEN[U]:=G;
         U:=U+1;
         BUFFER[XALT]:=G;
         XALT:=XALT+1;
         IF XALT>255 THEN XALT:=255;
         IF U>MAX THEN U:=MIN;
      END;
      IF EOLN THEN
      BEGIN
         READLN;
         G:=CHR(ENDE);
      END;
   UNTIL (G=CHR(ENDE)) OR (G='#');
```

```
   LINE:=Y;
   ZEILEN;
   ZEILE[LINE]:=U;
   LINE:=PEEK(YSPEICHER);
   IF G<>'#' THEN
   BEGIN
      GOTOXY(X,LINE-1);
      FOR J:=X TO 79 DO WRITE(' ');
      GOTOXY(0,LINE);
   END;
   IF (Y=23) AND (G<>'#') THEN LINIE:=LINIE-1;
   IF LINIE<0 THEN LINIE:=23;ORT;
   FOR J:=0 TO XALT-1 DO
   IF BUFFER[J]<>'#' THEN SEND(BUFFER[J]);
   IF G<>'#' THEN
   BEGIN
      IF XALT>0 THEN SEND(CHR(ENDE));
      FOR J:=0 TO XALT DO BUFFER[J]:=' ';
      XALT:=0;
   END;
END;

PROCEDURE INOUT;
BEGIN
   REPEAT
      IF G='#'
      THEN
      BEGIN
         READ(G);
         Z:=ORD(G);
         IF Z>95 THEN G:=CHR(Z-32);
         FUNKTIONEN;  (* wird spaeter erlaeutert *)
      END;
      OUTPUT;
   UNTIL NEVER;
END;
```

14 Lokale Funktionen (Menükarte)

Werden die beiden Zeichen #H eingetippt, wird der gesamte Bildschirm mit dem Inhalt der HELP-Prozedur vollgeschrieben. HELP gibt alle möglichen Funktionen wieder, die alle durch #n aufgerufen werden, wobei n ein Buchstabe oder eine Ziffer ist. Diese Funktionen möchte ich lokale Funktionen nennen, da der Partner meistens nichts darüber erfährt. HELP selbst ist eine solche Funktion. (Anmerkung: Funktion bezieht sich nicht auf das Pascal-Wort Funktion. Diese lokalen Funktionen sind alle als Prozeduren geschrieben.)

Es stehen folgende lokale Funktionen zur Verfügung, wie sie unter anderem in der Funktion INFO erläutert werden:

```
**********************************************************
PASCAL INTERCOMPUTER-COMMUNICATION APPLE = Gastrechner
**********************************************************



Erläuterungen zum Pascal-Intercomputer-Programm
Apple = Gastrechner
==========================================================

Allgemeine Erläuterungen
------------------------


   Dieses Programm ermöglicht eine problemlose Verbindung
des Apple mit einem Gastrechner. Der Apple übernimmt zwei
Aufgaben:

1. als einfaches Terminal
2. als intelligentes Terminal.
```

Er dient als Sende- und Empfangsstation für den Datentransfer mit einer Übertragungsgeschwindigkeit von 300 Bd.

Der Bildschirm erlaubt volle Cursorsteuerung mit den Funktionen:

-> : Cursor nacht rechts (ASCII 21)
<- : Cursor nach links (ASCII 8)
^ : Cursor nach oben (ESCAPE und ASCII 68)
v : Cursor nach unten (ESCAPE und ASCII 67)
home: Cursor in die Ecke links oben (ESCAPE und ASCII 64)
delete a line: lösche die Zeile von der Cursorposition bis zum Ende der Zeile (ESCAPE und ASCII 69)
delete from cursor position to end of screen: lösche den Bildschirm ab der Cursorposition (ESCAPE und ASCII 70)

Alle Zeichen, die der Cursor nach rechts hin überstreicht, werden nach Betätigung der <RETURN>-Taste abgeschickt. <RETURN> wird gleichzeitig in <CTRL C> umgewandelt. Vor der Betätigung der <RETURN>-Taste kann der Text beliebig editiert werden.

Der Bildschirm wird durch einen eigenen Bildschirm-Puffer unterstützt, in dem nur die ein- und ausgehenden Zeichen gespeichert werden, jedoch nicht Mitteilungen durch die lokalen Funktionen, die mit # beginnen. Hierdurch ist es z.B. möglich, die Help-Funktion aufzurufen, ohne Daten zu verlieren. Da der Bildschirm öfter mit dem Text der zur Verfügung stehenden lokalen Funktionen überschrieben wird, sollte der Bildschirm vor dem Editieren umfangreicher Texte bereinigt werden (#T).

In Pascal ist es schwierig, ein Programm auf Interruptbasis zu erstellen. Dieses Programm arbeitet quasi interruptbetrieben, da vor jeder Eingabe des Benutzers der Eingang auf einlaufende Zeichen abgefragt wird (polling). Lediglich Laufwerkfunktionen wie Catalog werden durch eingehende Zeichen nicht unterbrochen.

Das Programm erlaubt drei wichtige Grundfunktionen:

1. einfache Daten von und zum Gastrechner zu verarbeiten;
2. einen File vom Gastrechner zum Apple zu übertragen;
3. einen File mit Hilfe einer im BS 2000 (Siemens) geschriebenen Routine bzw. auf der Apple-Seite erstelltem Protokoll vom Gastrechner zum Apple ohne Eingreifen des Benutzers zu übertragen.

Weiter gibt es Hilfsfunktionen, die Parameter bzw. Logon-Daten des Gastrechner auf einfache Weise verändern bzw. weitergeben.

Durch Hilfsfunktionen kann jederzeit auf die Laufwerke zugegriffen werden. Hierbei werden Files durchnumeriert, so daß keine langen Filenamen eingegeben werden müssen. Solange kein <RESET> durchgeführt wird, kann dieses Programm jederzeit abgebrochen werden, und es können andere Aufgaben ausgeführt werden. Nach einem <RESET> bleibt die Verbindung zum Gastrechner erhalten, bei einem erneuten Laden des Pascal-Systems wird jedoch der ACIA neu initiiert, und zwar mit einer Übertragungsgeschwindigkeit von 1200 Bd. Beim BS 2000 von Siemens führt die erhöhte Übertragungsgeschwindigkeit nicht zum Abbruch der Verbindung.

Es können die Tasten 1 bis 0 mit maximal 80 Zeichen programmiert werden. Die Programmierunng erfolgt im EDITOR des Apple-Pascal-Systems. Der File TASTEN.TEXT enthält die Belegung dieser 10 Tasten. Der Inhalt dieser Tasten wird mit <CTRL C> zum Gastrechner geschickt. Aufruf: #1 bis #0.
Im Kapitel 17 "Tastenbelegungen" finden Sie den genaueren Aufbau des TASTEN-Files.

#A = Recording Input only

Alle einlaufenden Daten werden im Apple gespeichert. Es können maximal ca. 20 Kbyte gespeichert werden. Bei Überschreitung dieser Grenze werden die ersten gespeicherten Daten wieder überschrieben. Warnung: Der Drucker sollte abgestellt sein, da er zu langsam ist. Diese Funktion wird in einem späteren Kapitel genauer beschrieben. Ende: #E

#B = Record Output only

Alle ausgehenden Daten werden im Apple gespeichert. Es können maximal ca. 20 Kbyte gespeichert werden. Bei Überschreitung dieser Grenze werden die ersten gespeicherten Daten wieder überschrieben. Diese Funktion wird in einem späteren Kapitel genauer beschrieben. Ende: #E

#C = Record Input and Output

Alle ein- und ausgehenden Daten werden im Apple gespeichert. Es können maximal ca. 20 Kbyte gespeichert werden. Bei Überschreitung dieser Grenze werden die ersten gespeicherten Daten wieder überschrieben. Warnung: Der Drucker sollte abgestellt sein, da er zu langsam ist. Diese Funktion wird in einem späteren Kapitel genauer beschrieben. Diese Funktion kann benutzt werden, um ein Protokoll der Datenfernübertragung zu erstellen. Ende: #E

#D = List Recording

Alle gespeicherten Daten werden ausgegeben. Gleichzeitig wird die Position des ersten Zeichens einer Linie im Speicher ausgegeben. <RETURN> wird unterstützt. Die aufgezeichneten Daten können jetzt auch auf den Drucker gelegt werden. Diese Funktion wird in einem späteren Kapitel genauer beschrieben.

#E = End of Recording

Das Aufzeichnen aller ein- und ausgehenden Zeichen wird eingestellt.

#F = Puffer an Gastrechner senden - Protokoll Apple-BS 2000

Es existiert ein vollständiges Protokoll, um entweder aufgezeichnete Daten oder einen kompletten Text- oder Daten-File von der Diskette zum Gastrechner zu schicken. Dieses Protokoll wurde für die Siemens-Rechner mit dem Betriebssystem BS 2000 entwickelt.

1. Stellen Sie die Verbindung zum Gastrechner her. Vergewissern Sie sich, daß die Files "T.APPLE.EXEC" und "T.APPLE.DO" sich auf der Platte befinden.

2. Laden Sie mit #L einen File von der Diskette in den Puffer oder zeichnen Sie mit #A oder #B oder #C Daten auf.

3. Geben Sie #F ein. Sie starten somit die automatische Datenübertragung.

4. Es wird jetzt die BS 2000 Routine "T.APPLE.DO" abgearbeitet. Sie sehen die Titelzeile und anschließend den Datentransfer. Die Daten werden in Blöcken zu je 130 Zeichen übertragen, beim Gastrechner gespeichert, <RETURN>s gesucht und im File KISTE abgespeichert.

5. Der EDITOR des Gastrechners wird aufgerufen, vorhandene Kontrollzeichen und nichtdruckfähige Zeichen werden gelöscht.

6. Der Text wird im File KISTE abgespeichert. Der Gastrechner fragt an, ob der alte Text in KISTE gelöscht werden darf. Geben Sie Y ein.

7. Der EDITOR wird verlassen und der Gesamtstatus von KISTE ausgegeben. Sie können anschließend KISTE umbenennen oder ihn sich im EDITOR anschauen.

Wichtig: Während des Datentransfers können Sie diesen jederzeit durch Betätigung einer Taste unterbrechen! Tritt eine Störung während der Datenübertragung auf, so daß der Gastrechner die Empfangsbestätigung nicht schickt, so fragt der Apple an, ob die Datenübertragung abgebrochen oder fortgesetzt werden soll. Diese Funktion wird in einem späteren Kapitel genauer beschrieben.

Immer, wenn unter festgelegten Bedingungen Daten zwischen Rechnern übertragen werden sollen, muß ein Protokoll erstellt werden. Dieses Protokoll soll nur als Beispiel für andere Rechner stehen. Protokolle klären zwar für alle Beteiligten die Bedingungen der Übertragung (z.B. Übertragungsgeschwindigkeit, Stop-Bits, Parity etc.), pressen den Benutzer jedoch auch häufig in ein zu enges Korsett. In diesem Beispiel müssen auf der Seite des Großrechners ein Daten-File und ein Exec-File vorhanden sein.

#G = Information

Dieser Befehl liefert genau diesen und noch zusätzlichen Text. Der Text ist in einem Text-File abgespeichert. Er kann somit im EDITOR des Apple-Pascal-Systems verändert werden. Es wird jeweils eine Bildschirmseite Text ausgegeben. Der Benutzer kann die Informationsausgabe danach fortsetzen oder abbrechen.

#H = Help

Help (#H) liefert alle zur Verfügung stehenden Befehle von A bis Z. Alle Befehle fangen mit # an. Fast alle hieraus folgenden Bildschirmausgaben haben nur lokale Bedeutung. Sie werden nicht zum Gastrechner geschickt!

Der Bildschirm wird durch einen eigenen Bildschirm-Puffer unterstützt, in dem nur die ein- und ausgehenden Zeichen gespeichert werden, jedoch nicht Mitteilungen durch die lokalen Funktionen, die mit # beginnen. Hierdurch ist es z.B. möglich, die Help-Funktion aufzurufen, ohne Daten zu verlieren. Da der Bildschirm öfter mit dem Text der zur Verfügung stehenden lokalen Funktionen überschrieben wird, sollte der Bildschirm vor dem Editieren umfangreicher Texte bereinigt werden (#T).

Es werden zusätzlich Angaben über den Puffer gemacht, freier und benutzter Raum des Puffers, sowie der restliche freie Platz in RAM, den das Programm noch freigelassen hat.

#I = Lösche einen File

Ein File auf einer Diskette in einem der beiden Laufwerke kann gelöscht werden. Es wird implizit der Catalog-Befehl benutzt, daher siehe Catalog. Die Files werden durchnumeriert, es braucht daher nur die Nummer eingegeben werden. Der Name des Files wird dann ausgegeben und um Zustimmung zum Löschen gebeten. Der File wird nicht tatsächlich gelöscht, sondern seine Länge im "Directory" auf Null gesetzt. Es wird zum Schluß das neue "Directory" ausgegeben.

#J = Catalog

Der Catalog eines der Laufwerke wird ausgegeben. Das Laufwerk kann gewählt werden. Alle Files sind durchnumeriert. Alle üblichen Angaben werden ausgegeben. Wichtig: Alle Ausgaben sind lokal. Es wird zur Speicherung des "Directory" s der Bildschirm-Puffer mitbenutzt. Dieser wird daher anschließend gelöscht.

#K = Save Recorded Data to a File

Der Pufferinhalt wird auf Diskette geschrieben. Es können beide Laufwerke gewählt werden. Es wird gefragt, ob ein Text- oder ein Daten-File erzeugt werden soll. Es kann ein beliebiger File-Name gewählt werden. Da das Catalog-Kommando implizit benutzt wird, siehe Catalog. <RETURN> wird in EOLN umgewandelt.

#L = Lade einen File

Ein File auf einer Diskette kann in den Puffer geladen werden. Das Laufwerk ist frei wählbar. Es wird implizit das Catalog-Kommmando aufgerufen, daher auch siehe Catalog. Alle Files sind durchnumeriert, es braucht nur die laufende Nummer eingegeben werden. Es können alle Arten von Files geladen werden. EOLN wird in <RETURN> umgewandelt.

#M = Gastrechner Logon Nr. 1

Es wird eine Zeichenkette zum Gastrechner geschickt, die z.B. die Logon-Informationen enthält.

#N = Gastrechner Logon Nr. 2

Es wird eine Zeichenkette zum Gastrechner geschickt, die z.B. die Logon-Informationen enthält.

#O = Printer off

Der Drucker wird abgestellt.

#P = Printer on

Der Drucker wird eingeschaltet. Es ist ein Ruck zu hören. Ist der Drucker nicht an, so hängt das Programm, bis der Drucker eingeschaltet wird. Der Drucker kann nicht benutzt werden, wenn Daten vom Gastrechner einlaufen, da er zu langsam ist. In diesem Fall sollten die Daten erst im Puffer gespeichert und dann zum Drucker geschickt werden.

#Q = Ende

Sie beenden das Programm auf legalem Weg, ohne die Verbindung zum Gastrechner zu unterbrechen. Sollte der "Pointer" des Puffers über dem "Bottom" liegen, so werden sie gefragt, ob Sie den Puffer retten wollen.

#R = Verifiziere Bildschirm

Durch lokale Befehle wie HELP hat der Bildschirm ein anderes Aussehen als der Bildschirm-Puffer. Vor umfangreichen Cursor-Bewegungen sollten Sie den Bildschirm bereinigen (verifizieren). #R liefert den Puffer-Inhalt und somit die für Cursor-Bewegungen zur Verfügung stehende Zeichen.

#S = Second Password

#S sendet eine weitere Zeichenkette zum Gastrechner, z.B ein zweites "Password". Es kann zu jeder beliebigen Zeichenkette verändert werden.

#T = Lösche Bildschirm

Der Bildschirm und der Bildschirm-Puffer werden vollständig gelöscht.

#U = Gastrechner 80 Zeichen

Dieser Befehl ist auf das Siemens Betriebssystem BS 2000 ausgelegt. Der "Default"-Wert beim Gastrechner über Telefon-Modem beträgt 72 Zeichen pro Zeile. #U setzt diesen Wert auf 80 Zeichen.

#V = Gastrechner 120 Zeichen

Dieser Befehl ist auf das Siemens Betriebssystem BS 2000 ausgelegt. Der "Default"-Wert beim Gastrechner über Telefon-Modem beträgt 72 Zeichen pro Zeile. #U setzt diesen Wert auf 120 Zeichen.

#W = Pointer-Position (Memory)

Es kann die Lage des Puffers festgestellt werden, der Anfang und das Ende des Puffers.

#X = Status-Belegung der programmierten Tasten

Es werden die momentanen Zustände des Systems ausgegeben:

1. Printer on/off
2. Recording input/output/in and out/no recording
3. Puffer
4. Gastrechner Logon-Nummer abgesetzt oder nicht
5. Gastrechner "Second Password" abgesetzt oder nicht
6. Gastrechner 80- oder 120 Zeichen-Befehl abgesetzt oder nicht
7. die Belegung der 10 freiprogrammierbaren Tasten

#Y = Puffer-Anfang verändern

Es können der Puffer-Anfang und das Puffer-Ende verändert werden. Hierdurch kann entweder der aufgezeichnete Text oder der geladene File geteilt werden. Es können auf diese Weise auch mehrere Files geladen werden. Es ist zu beachten, daß BOTTOM und POINTER die maximalen Grenzen einhalten und daß

POINTER > BOTTOM sein muß. Das Programm beachtet dies.

#Z = Zero Puffer

Der POINTER wird gleich dem BOTTOM auf Null gesetzt. Dies hat den Effekt, daß der Puffer scheinbar gelöscht wird. Mit #Y kann er wieder gerettet werden.

#1....#0 = Belegung der Tasten 1 bis 0

Die Tasten 1 bis 0 können vorprogrammiert werden. Die Programmierung erfolgt im EDITOR des Apple-Pascal-Systems. Der File TASTEN.TEXT enthält die Belegung. Die ersten 10 Zeilen enthalten je 80 Zeichen. Soll die Belegung kürzer als 80 Zeichen sein, so muß der Rest mit # belegt werden. Die erste Zeile enthält die Belegung der Taste 1, die 10. die Belegung der Taste 0.
****

Die einzelnen lokalen Funktionen werden in der Prozedur FUNKTIONEN aufgerufen.Es werden hier nicht alle Funktionen besprochen. Ihre Bedeutung erkennt man häufig schon an der Bezeichnung. Vor Aufruf mancher lokaler Funktionen werden einige "Softswitches" gesetzt wie RECIN, RECOUT, RECINOUT und PRINTER. Diese werden im nächsten Kapitel erklärt.

```
PROCEDURE FUNKTIONEN;
BEGIN
   CASE G OF
   'A':BEGIN
         RECIN:=TRUE;
         WRITELN;
         WRITELN('***** Recording in ****');
      END;
```

```
'B':BEGIN
       RECOUT:=TRUE;
       WRITELN;
       WRITELN('***** Recording out ********');
    END;
 'C':BEGIN
       RECINOUT:=TRUE;
       WRITELN;
       WRITELN('***** Recording in and out ******');
    END;
  'D':MEMOINHALT;
  'E':BEGIN
       RECIN:=FALSE;
       RECOUT:=FALSE;
       RECINOUT:=FALSE;
       WRITELN;
       WRITELN('***** All Recording off ****');
    END;
  'F':SENDPROC;
  'G':INFO;
  'H':HELP;
  'I':ERASE;
  'J':BEGIN
       TOP1;
       CATALOG;
       FOR I:=MIN TO MAX DO SCREEN[I]:=' ';
    END;
  'K':BEGIN
       MEMOINHALT;
       WEITER;
       TOP1;
       CATALOG;
       WEITER;
       SAVE;
    END;
```

```
        'L':LOAD;
        'M':LOGON1;
        'N':LOGON2;
        'O':BEGIN
               IF PRINTER THEN CLOSE(Q,LOCK);
               PRINTER:=FALSE;
               WRITELN;
               WRITELN('***** Printer off *****');
            END;
         'P':BEGIN
                IF NOT PRINTER THEN REWRITE(Q,'PRINTER:');
                PRINTER:=TRUE;
                WRITELN(Q,' ');
                WRITELN;
                WRITELN('***** Printer on  *****');
             END;
          'Q':STOP;
          'R':VERIFY;
          'S':PASSWORD;
          'T':SCREENLOESCHEN;
          'U':ZEILENLAENGE;
          'V':ZEILENLAENGE;
          'W':MEMORY;
          'X':STATUSPROC;
          'Y':POINT;
          'Z':BEGIN
                 SPEICHER:=0;
                 BOTTOM:=0;
                 MEMORY;
              END;
  END;
  J:=ORD(G)-48;
  IF J=0 THEN J:=10;
  IF (J>0) AND (J<11) THEN
  BEGIN
```

```
        K:=1;
        TASTENBELEGUNG(J);
    END;
    FOR I:=0 TO 255 DO BUFFER[I]:=' ';
    ORT;
END;
```

15 Speichern von gesendeten und empfangenen Daten

Das Programm enthält vier "Softswitsches" vom Typ BOOLEAN. Je nach ihrem Wert werden Daten aufgezeichnet oder gedruckt oder nicht aufgezeichnet etc. Diese sind:

```
VAR PRINTER,
    RECIN,
    RECOUT,
    RECINOUT:BOOLEAN;
```

Sind RECIN oder RECINOUT TRUE, so werden alle empfangenen Zeichen in SCREEN gespeichert. Sind RECOUT oder RECINOUT TRUE, so werden alle gesendeten Daten gespeichert. Natürlich können auch alle drei Variablen TRUE sein. Ist PRINTER TRUE, so werden die Daten zum Bildschirm und zum Drucker geschickt. Diese Schalter werden an der entsprechenden Stelle in FUNKTIONEN gesetzt. Sind RECIN und PRINTER gesetzt, so werden bei Druckern ohne Druckerpuffer die letzten Zeichen einer Zeile verschluckt. Man sollte erst aufzeichnen und dann drucken.

Die Prozedur DRUCKER ist einzufügen und die Prozeduren INPUT und OUTPUT sind zu ergänzen:

```
VAR Q:TEXT;

PROCEDURE DRUCKER;
BEGIN
   IF PRINTER THEN WRITE(Q,C);
END;

PROCEDURE INPUT;
BEGIN
```

```
   .........

   IF (RECIN OR RECINOUT) AND ((I=10) OR (I>=32)) THEN
   BEGIN
      IF I=10 THEN I:=13;
      SCREEN[SPEICHER]:=C;
      SPEICHER:=SPEICHER+1;
      IF SPEICHER>=MIN THEN SPEICHER:=0;
   END;
END;

PROCEDURE OUTPUT;
BEGIN

   ...........

      IF RECOUT OR RECINOUT THEN
      BEGIN
         SCREEN[SPEICHER]:=BUFFER[J];
         SPEICHER:=SPEICHER+1;
         IF SPEICHER>=MIN THEN SPEICHER:=0;
      END;
   IF PRINTER THEN WRITELN(Q);
   IF G<>'#' THEN
   BEGIN
      IF RECOUT OR RECINOUT THEN
      BEGIN
         SCREEN[SPEICHER]:=CHR(ENDE);
         SPEICHER:=SPEICHER+1;
         IF SPEICHER>=MIN THEN SPEICHER:=0;
      END;
   END;
END;
```

16 Disketten-Directory

Mit diesem Programm können Sie Files (Daten- und Text-Files!) auf Disketten schreiben und wieder lesen. Hierzu wird immer zuerst der "Directory"-Eintrag der entsprechenden Diskette gelesen. Dies bewirkt die Prozedur CATALOG.

Mit der Prozedur UNITREAD kann man direkt einen bestimmten Abschnitt der Diskette lesen. Das "Directory" einer Pascal-Diskette steht immer in den Blöcken 2 bis 5.
UNITREAD hat vier Parameter:
DRIVE - bestimmt das Laufwerk,
BUFFER - ist ein PACKED ARRAY OF CHAR, in dem der gelesene Disketteninhalt steht.
512 - gibt die Anzahl der gelesenen Bytes an (512 entspricht einem Block).
BLOCK - gibt den zu lesenden Block an, hier eine Zahl zwischen 2 und 5.

Der gelesene Diskettenblock wird in SCREEN gespeichert. Und zwar im oberen Teil, der dem Bildschirm-Editor vorbehalten ist. Daher gilt: Nach dem Lesen des Catalogs einer Diskette wird der Bildschirminhalt (SCREEN) gelöscht. Dies geschieht nach jedem Durchlauf der Prozedur CATALOG.

Das "Directory" der Pascal-Diskette ist nach einem bestimmten platzsparenden Schlüssel aufgebaut. Es sei hier ein beliebiger Eintrag wiedergegeben:

Byte	Bedeutung
0	Beginn "Directory" in Blocks (meistens 0)
2	Ende "Directory" in Blocks (meistens 6)
4	Filetyp 00=Diskette

6 Länge des Diskettennamens (maximal 7)
7-13 Diskettenname (ohne :)
14 maximale Anzahl Blöcke auf der Diskette (meistens 18)
15 "high" Byte hierzu (meistens 1) (1x256+1x16+8=280)
16 "low" Byte Anzahl Files auf der Diskette
17 "high" Byte hierzu (muß 0 sein)

Jetzt werden die einzelnen Files aufgelistet. Allen Files stehen 26 Bytes zu. Es sei daher N = nx26.

N+
0 "low" Byte Blockbegin (gelöschte Files haben den Block-)
1 "high" Byte hierzu (Beginn 179 und Block-Ende 179)
2 "low" Byte nächster File
3 "high" Byte hierzu
4 File-Typ: 00:Diskettenname
01:bad Number
02:Code
03:Text
04:Info
05:Data
06:Graf
07:Foto
5 00
6 Länge des Files
7-21 File-Name max. 15 Zeichen incl. .Text etc.
22 "low" Byte Anzahl Bytes im letzten Block
23 "high" Byte hierzu
24 Datum 1 LOWDATUM
25 Datum 2 HIGHDATUM

Bestimmung des Datums:
Die Bytes 24 seien mit LOWDATUM und 25 mit HIGHDATUM abgekürzt. Diese beiden Bytes enthalten in verschlüsselter Form das Datum. Es gilt:

Wenn HIGHDATUM ungerade, dann ist LOWDATUM:=LOWDATUM+256.
TAG:=INT(LOWDATUM/16)
MONAT:=LOWDATUM mod 16
JAHR:=INT(HIGHDATUM/2)

Die INT-Funktionen müssen simuliert werden. Natürlich sind alle Zahlenangaben auf der Diskette in hexadezimaler Form. Will man diese Werte zurück in das "Directory" schreiben, so müssen die Umkehrfunktionen gebildet werden:

HIGHDATUM:=JAHR*2 (ohne 19), wenn TAG<16, andernfalls
TAG:=TAG-16 und HIGHDATUM:=HIGHDATUM+1
LOWDATUM:=16*TAG+MONAT

```
PROCEDURE CATALOG;
VAR LAENGE,KK,MAXI,MAXA,ZEILE,A2,K,LINE,LOWDATUM,
    HIGHDATUM,BYTE,TAG,MON,JAHR:INTEGER;

PROCEDURE TITEL;
BEGIN
   TOP2;
   LAENGE:=ORD(SCREEN[MIN+6]);
   INVERSE;
   WRITE('                    Pascal  Directory  Drive  ');
   WRITE(DRIVE:1,'  ');
   FOR J:=7 TO LAENGE+6 DO WRITE(SCREEN[MIN+J]);
   FOR J:=LAENGE+7 TO 13 DO WRITE(' ');
   WRITELN(':                    ');
   NORMAL;
   WRITELN;
   WRITE('   Filename                 Bloecke   Laenge ');
   WRITELN('Bytes      Typ         Datum');
   WRITE('---------------------------------------');
   WRITELN('------------------------------------');
END;
```

```
BEGIN
   IF C<>'0' THEN
   BEGIN
      ZEILE:=6;
      A2:=6;
      FOR KK:=2 TO 5 DO
      BEGIN
         UNITREAD(DRIVE,BUFFER,512,KK);
         FOR J:=0 TO 511 DO
         IF MIN+512*(KK-2)+J<=MAX THEN
         SCREEN[MIN+512*(KK-2)+J]:=BUFFER[J];
      END;
      ANZAHL:=ORD(SCREEN[MIN+17])*16+ORD(SCREEN[MIN+16]);
      TITEL;
      KK:=0;
      FOR I:=0 TO ANZAHL-1 DO
      BEGIN
         KK:=KK+1;
         K:=MIN+26*I+26;
         HIGHDATUM:=ORD(SCREEN[K+1])*16+ORD(SCREEN[K+0]);
         IF HIGHDATUM<ZEILE THEN HIGHDATUM:=HIGHDATUM+240;
         IF HIGHDATUM<>A2 THEN
         BEGIN
            KK:=KK+1;
            WRITELN('    < unused >   ',-A2+HIGHDATUM+1:3);
         END;
         ZEILE:=HIGHDATUM;
         LOWDATUM:=ORD(SCREEN[K+3])*16+ORD(SCREEN[K+2]);
         IF LOWDATUM<A2 THEN LOWDATUM:=LOWDATUM+240;
         A2:=LOWDATUM;
         MAXA:=LOWDATUM;
         LAENGE:=ORD(SCREEN[K+6]);
         WRITE(I+1:2,' ');
         FOR J:=0 TO LAENGE-1 DO WRITE(SCREEN[K+7+J]);
         FOR J:=LAENGE TO 15 DO WRITE(' ');
```

```
        WRITE('    ',HIGHDATUM:4,' - ');
        WRITE(LOWDATUM-1:4,'    ',LOWDATUM-HIGHDATUM:4);
        HIGHDATUM:=ORD(SCREEN[K+23])*16+ORD(SCREEN[K+22]);
        WRITE('    ',HIGHDATUM:4,'    ');
        CASE ORD(SCREEN[K+4]) OF 2:WRITE('Code - File   ');
                                 3:WRITE('Text - File   ');
                                 5:WRITE('Data - File   ');
        END;
        LOWDATUM:=ORD(SCREEN[K+24]);
        HIGHDATUM:=ORD(SCREEN[K+25]);
        IF HIGHDATUM MOD 2=1 THEN LOWDATUM:=LOWDATUM+256;
        MON:=LOWDATUM MOD 16;
        TAG:=ROUND(LOWDATUM/16-0.1);
        JAHR:=ROUND(HIGHDATUM/2-0.1);
        WRITELN(TAG:2,'.',MON:2,'.19',JAHR:2);
        IF (KK>0) AND (KK MOD 16=0) THEN
        BEGIN
           WEITER;
           TITEL;
        END;
     END;
     WRITELN;
     WRITE('  ');
     INVERSE;
     WRITE(ANZAHL:3,' Files    ',MAXA:3);
     WRITE(' maximale Anzahl von B');
     WRITE('loecken (mit Luecken) ');
     WRITELN(280-MAXA:3,' Bloecke frei');
     NORMAL;
  END;
  ELSE
  HELP;
END;
```

Die Prozeduren ERASE, SAVE und LOAD greifen auf CATALOG

zurück. Es ist denkbar, entsprechend den Filer-Kommandos im DFUE-Programm Files zu transferieren und Disketten zu "krunchen". Es sei jedoch daran erinnert, daß man jederzeit aus dem DFUE-Programm aussteigen kann, ohne daß die Verbindung zum Gastrechner abbbricht. Daher können diese Kommandos auch direkt im "Filer" ausgeführt werden.

17 Tastenbelegungen

Im DFUE-Programm kann der Benutzer die Tasten 0 bis 9 frei programmieren und den Inhalt mit #0 bis #9 aufrufen. Die Tasten werden im Editor des Pascal-Betriebssystems programmiert. Der Text-File muß mit TASTEN bezeichnet werden und auf der DFUE-Diskette zur Verfügung stehen. Die Tasten 0 bis 9 können weiterhin (ohne #) normal benutzt werden.

Jede Taste kann bis maximal 80 Zeichen belegt werden. Nicht benutzte Zeichen müssen mit ## aufgefüllt werden. Der File besteht aus exakt 10 Zeilen zu je 80 Zeichen. Alle anderen Zeilen, wie hier die elfte Zeile, werden nicht beachtet. Ich habe einen Text-File gewählt, um die Programmierung möglichst einfach zu halten. Die erste Zeile entspricht der Taste 1, die letzte der Taste 0. Der File mag z.B. folgendes Aussehen haben:

```
Hallo Karl, hier ist die erste Apfel-Datenstation  APFELKUC
HEN##################
EXEC FMS###################################################
#####################
EXEC EDT###################################################
#####################
ACCOUNT RECORD=ZI7S13RK####################################
#####################
STA L######################################################
#####################
STA P######################################################
#####################
ON18CALL'          'T'1234567890'##########################
#####################
Dies ist Taste 8.##########################################
#####################
Dies ist die Taste 9.######################################
```

```
#####################
LOGOFF NOSPOOL######################################################
#####################
## Exakt 80 Zeichen genau 10 Zeilen ,mit # füllen (bis 1 Zei
chen hinter Rand)####
```

Zu Beginn des Hauptprogramms wird der File TASTEN eingelesen.

```
VAR E:FILE OF CHAR;

BEGIN
   .........
   HELP;
   RESET(E,'#5:TASTEN.TEXT');
   IF E^<' ' THEN
   REPEAT
      GET(E);
   UNTIL E^>=' ';(* Text-File: 1. Zeichen nach HEADER suchen*)
   J:=MAX-2800-1;(* abgespeichert im oberen Teil von SCREEN *)
   WHILE NOT EOF(E) DO
   BEGIN
      J:=J+1;
      C:=E^;
      SCREEN[J]:=C;
      GET(E);
   END;
   CLOSE(E,LOCK);
   ORT;                        (* Rest des Programms *)
   FOR I:=MIN TO MAX DO SCREEN[I]:=' ';
   INOUT;
END.
```

Die Prozedur TASTENBELEGUNG sendet den Inhalt der programmierten Tasten zum Gastrechner, wenn der Parameter KJ den Wert 1 hat, andernfalls wird die Tastenbelegung, wie in der Prozedur STATUS verlangt, nur auf dem Bildschirm ausgegeben:

```
PROCEDURE TASTENBELEGUNG(KJ:INTEGER);
BEGIN
   LINE:=MAX-2800;
   FOR J:=LINE+81*(KJ-1) TO LINE+81*KJ-1 DO
   BEGIN
      IF SCREEN[J]<>'#' THEN WRITE(SCREEN[J]);
      IF (K=1) AND (SCREEN[J]<>'#') THEN SEND(SCREEN[J]);
   END;
   WRITELN;
   IF K=1 THEN SEND(CHR(ENDE));
END;
```

18 Zusatzfunktionen

Hier sollen weitere wichtige Funktionen beschrieben werden.

#D = Liste Recording
#W = Pointer-Position (Memory)
#Y = Puffer-Anfang verändern
#Z = Zero Puffer

#D: Der Inhalt von SCREEN von BOTTOM bis POINTER wird ausgegeben. Links wird in jeder Zeile das zugehörige Byte mitgezählt, so daß der Puffer nach Wunsch entsprechend eingeschränkt werden kann.

#W,#Y,#Z: Der Puffer wird durch BOTTOM (meistens Null) und der momentanen POINTER-Position, das ist eine einfache Zählschleife, begrenzt. Durch Erhöhung oder Verringerung dieser Zählvariablen kann der Speicherbereich vergrößert, verkleinert oder sogar gelöscht werden. Tatsächlich wird der Speicher jedoch während des Programmablaufs nie gelöscht, so daß Daten relativ leicht wieder regeneriert werden können.

MEMORY gibt den untersten Punkt BOTTOM und den obersten Punkt POINTER des momentan benutzten Speichers wieder.

MEMOINHALT gibt den Inhalt auf den Bildschirm und nach Wahl auf den Drucker aus.

POINT kann die Position von BOTTOM und POINTER verändern. Gelöscht wird der Speicher nach Wahl in der Prozedur FUNKTIONEN, da hierfür nur drei Zeilen benötigt werden. (Tatsächlich werden nur die Zeiger POINTER und BOTTOM auf Null gesetzt.)

```
PROCEDURE MEMORY;
BEGIN
   WRITELN;
   WRITE('***** Memory: ',BOTTOM:5,' - ',SPEICHER:5,' (max ');
   WRITELN(MAX-1920:5,')  *******');
END;

PROCEDURE MEMOINHALT;
VAR SENDEN:BOOLEAN;
BEGIN
   WRITELN;
   WRITE('Memory - Inhalt senden (J/N) ?  ===> ');
   READ(C);
   IF (C='J') OR (C='j') THEN SENDEN:=TRUE ELSE SENDEN:=FALSE;
   WRITELN;INVERSE;WRITELN('Memory - Inhalt :');NORMAL;
   WRITELN;
   WRITE(BOTTOM:5,' ');
   FOR J:=BOTTOM TO SPEICHER DO
   BEGIN
      IF SCREEN[J]<CHR(27) THEN SCREEN[J]:=CHR(13);
      C:=SCREEN[J];
      WRITE(C);
      IF SENDEN THEN SEND(C);
      IF C=CHR(13) THEN WRITE(J:5,' ');
      DRUCKER;
   END;
   WRITELN;
   WRITE('***** Memory: ',BOTTOM:5,' - ',SPEICHER:5,' (max ');
   WRITELN(MAX-1920:5,')  *******');
END;

PROCEDURE POINT;
BEGIN
   REPEAT
      WRITE('Anfang Buffer  (0 bis ',MAX-1920:4);
```

```
      WRITE(')                      ? ===> ');
      READLN(XX);
      BOTTOM:=XX;
   UNTIL (BOTTOM>=0) AND (BOTTOM<=MAX-1920);
   REPEAT
      WRITE('Pointerstellung (Top of Buffer) (');
      WRITE(BOTTOM:5,' bis ',MAX-1920:4,') ? ===> ');
      READLN(XX);
      SPEICHER:=XX;
   UNTIL (SPEICHER>=BOTTOM) AND (SPEICHER<=MAX-1920);
END;
```

```
#R = Verifiziere Bildschirm
#T = Lösche Bildschirm
---------------------------
```

Ruft man die Help-Funktion oder eine andere Funktion auf, so zeigt der Bildschirm nicht mehr den tatsächlichen Inhalt des Bildschirm-Editors an. Diese Tatsache wurde in Kauf genommen, um Funktionen aufrufen zu können, ohne Daten verlieren zu müssen. Will man die alte Bildschirmanzeige wiederherstellen, so muß dieser verifiziert werden. Nach Aufruf von #R wird der vorhergehende Zustand wiederhergestellt. VERIFY ruft zweimal VERIFY1 auf.

```
VAR BA,BE:INTEGER;

PROCEDURE VERIFY1;
BEGIN
   FOR I:=BA TO BE DO
   BEGIN
      LINE:=PEEK(YSPEICHER);
      IF PEEK(XSPEICHER)>79 THEN LINE:=LINE+1;
      ZEILEN;
      IF I<ZEILE[LINE] THEN WRITE(SCREEN[I]) ELSE WRITE(' ');
```

```
   END;
END;

PROCEDURE VERIFY;    (* BA=Bufferanfang; BE=Bufferende *)
BEGIN
   LINE:=Y;
   ZEILEN;
   ZEILE[LINE]:=MAX;
   K:=MAX-LINIE*80+1;
   X:=PEEK(XSPEICHER);
   Y:=PEEK(YSPEICHER);
   WRITE(CHR(12)); (* Loesche Bildschirm und schreibe neu. *)
   BA:=K;BE:=MAX;
   VERIFY1;
   BA:=MIN;
   BE:=K-1;
   VERIFY1;
   GOTOXY(X-2,Y);
   ORT;
END;
```

Die Hauptaufgabe wird von VERIFY1 übernommen. Das Problem liegt darin, daß durch das "Scrolling" der Anfang des Editors nicht mit MIN identisch ist.

SCREENLOESCHEN löscht den Bereich von SCREEN, der für den Bildschirm-Editor benutzt wird. Gleichzeitig wird der Bildschirm gelöscht.

```
PROCEDURE SCREENLOESCHEN;
BEGIN
   WRITE(CHR(12));
   LINIE:=0;
   FOR I:=MIN TO MAX DO SCREEN[I]:=' ';
END;
```

#X = Status und Belegung der programmierten Tasten

Durch die "Softswitches" PRINTER,RECIN,RECOUT und RECINOUT können Daten gespeichert oder zum Drucker gegeben werden. Der Zustand dieser Schalter ist jederzeit bekannt. Ebenso merkt der Rechner sich, ob ein Logon-Kommando oder ein "Password" abgesetzt wurde. Beim BS-2000-Betriebssystem kann weiterhin die Zeilenlänge angegeben werden. Die Prozedur STATUSPROC gibt den Zustand dieser Variablen wieder. Zusätzlich wird die Belegung der Tasten 0 bis 9 wiedergegeben.

```
PROCEDURE STATUSPROC;
VAR II:INTEGER;
BEGIN
   TOP2;
   WRITELN('Status:');
   WRITELN('=======');
   WRITE('Printer    : ');
   IF PRINTER THEN WRITELN('on') else WRITELN('off');
   WRITE('Recording : ');
   IF RECIN OR RECINOUT THEN WRITE('input ');
   IF (RECIN AND RECOUT) OR RECINOUT THEN WRITE('and ');
   IF RECOUT OR RECINOUT THEN WRITE('output ');
   IF NOT RECIN AND NOT RECOUT AND NOT RECINOUT THEN
   WRITE('no recording');
   WRITELN;
   WRITE('Buffer     : ');
   WRITELN(BOTTOM:5,' - ',SPEICHER:5);
   WRITE('Gast-Logon : ');
   IF LO=0 THEN WRITE('nicht');
   IF LO=1 THEN WRITE('Nr. 1');
   IF LO=2 THEN WRITE('Nr. 2');
   WRITELN(' abgesetzt');
```

```
   WRITE('BS 2000-Linel.: ');
   IF LL=0 THEN WRITE('nicht');
   IF LL=1 THEN WRITE('80 Zeichen');
   IF LL=2 THEN WRITE('120 Zeichen');
   WRITELN(' abgesetzt');
   WRITE('Gast SecPw: ');
   IF SP=0 THEN WRITE('nicht ');
   WRITELN('abgesetzt');
   WRITELN;
   WRITELN;
   K:=0;
   WRITELN('Belegte Tasten:');
   WRITELN('===============');
   FOR II:=1 TO 10 DO
   BEGIN
      WRITE(II:1,'-');
      TASTENBELEGUNG(II);
   END;
END;
```

19 Empfang von Dateien

Dateien zu empfangen - ob Text-Files oder Daten-Files - , bietet keine Schwierigkeiten. Über #A werden alle empfangenen Daten in SCREEN gespeichert. In der untersten Zeile von HELP sieht man anschließend, auf welchen Wert der Speicher angewachsen ist. Ist der empfangene File größer als MAX (ca. 20 Kbyte), so wird der Anfang wieder überschrieben. Bei großen Dateien müssen diese daher aufgeteilt werden.

Über #K (SAVE) können die gespeicherten Daten auf Diskette geschrieben werden. Es kann gewählt werden, ob es sich um einen Text- oder Daten-File handelt. Der Name des Files muß angegeben werden. Anschließend wird die Datei auf Diskette geschrieben. CATALOG wird aufgerufen. Das "Directory" der gewünschten Diskette wird gelesen. SAVE kann natürlich auch zum Sichern von anderen aufgezeichneten Daten dienen. Da CATALOG den gleichen Speicherbereich von SCREEN wie der Bildschirm-Editor benutzt, muß anschließend SCREEN von MIN bis MAX gelöscht werden.

```
PROCEDURE SAVE;
BEGIN
   TOP2;
   WRITELN;
   WRITELN;
   WRITELN('Bitte wählen Sie:');
   WRITELN;
   WRITELN('0 - Ende');
   WRITELN;
   WRITELN('1 - Text-File');
   WRITELN;
   WRITELN('2 - Daten-File');
```

```
    WRITELN;
    REPEAT
       WRITELN;
       WRITE('===> ');
       POLLING;
       READ(C);
    UNTIL (C='1') OR (C='2') OR (C='0');
    IF C='0' THEN EXIT(SAVE);
    WRITELN;
    IF DRIVE=4 THEN SU:='#4:' ELSE SU:='#5:';
    WRITE('Name des Files (ohne Text oder Data) ? ===> ');
    POLLING;
    READLN(ST);
    IF LENGTH(ST)>8 THEN ST:=COPY(ST,1,8);
    IF C='1' THEN ST:=CONCAT(SU,ST,'.TEXT')
    ELSE
    ST:=CONCAT(SU,ST,'.DATA');
    REWRITE(E,ST);
    FOR I:=BOTTOM TO SPEICHER DO
    BEGIN
       E^:=SCREEN[I];
       PUT(E);
    END;
    CLOSE(E,LOCK);
    CATALOG;
    FOR I:=MIN TO MAX DO SCREEN[I]:=' ';
    WEITER;
    HELP;
END;
```

20 Senden von Dateien

Es sind zwei Fälle zu unterscheiden. Wird eine Datei von einem Apple zu einem anderen gesendet, so lädt der Sender die Datei mit dem LOAD-Befehl #L in den SCREEN-Speicher. Dies verläuft umgekehrt zum SAVE-Befehl #K. Anschließend listet er den Inhalt des Speichers auf. Hierbei beantwortet er die Frage, ob die Daten gesendet werden sollen, mit ja. Der Empfänger arbeitet analog hierzu. Er stellt den "Softswitch" RECIN auf TRUE. So speichert er automatisch alle einlaufenden Daten. Nach der Übertragung beendet er den Speichervorgang mit #E. Nun kann er mit SAVE den Speicherinhalt als Text- oder Daten-File auf Diskette schreiben.

Auf diese Weise können auch Code-Files übertragen werden. Es muß jedoch damit gerechnet werden, daß Code-Files Kontrollzeichen enthalten, die auf dem Bildschirm unvorhergesehene Reaktionen bewirken. Es muß daher auf jeden Fall verhindert werden, daß die Zeichen auf dem Bildschirm ausgegeben werden. Darum enthält die INPUT-Prozedur die Anweisung, ein Zeichen C nur dann auszugeben, wenn ORD(C) >= 32 ist. Dies berührt jedoch nicht den Speicher.

Verlangt der Empfänger ein Protokoll für die Übertragung (z.B. wenn beim Empfänger ein eigenes Programm zur Aufnahme der Daten laufen muß), so werden die Verhältnisse komplizierter. Dieses Protokoll muß jeweils individuell verfaßt werden. Als Beispiel eines solchen Protokolls für das Übertragen von Daten zum Siemens BS-2000-System dient die Prozedur SENDPROC. Das Problem besteht darin, daß der "Input-Buffer" in dem unten aufgeführten Programm, das im BS-2000-System läuft, nicht beliebig viele Zeichen aufnehmen kann. Deshalb werden immer Blöcke von je 130 Zeichen übermittelt. Der Apple wartet anschließend auf die Bestätigung des Gastrechners, daß diese Zeichen verarbeitet wurden. Dies erfolgt im BS 2000 mit einem *. Kommt dieses Zeichen rein, so wird der nächste Block übermittelt.

Kritisch wird dieser Vorgang dann, wenn die Telefonleitung gestört ist und ein anderes Zeichen als * oder gar kein Zeichen empfangen wird. Für diesen Fall kann per Hand in die automatische Übertragung eingegriffen werden. Die Übertragung kann dann unterbrochen werden, oder es kann ein neuer Versuch gestartet werden. Die Prozedur SENDPROC finden Sie im Gesamtprogramm im Kapitel 21. Das Programm, das im BS 2000 läuft, ist unten aufgelistet. Es öffnet einen File KISTE, der am Schluß der Übertragung die Daten enthält. Dieser File kann dann im EDT oder EDP weiter verarbeitet werden. Der Gesamtablauf auf der BS-2000-Seite wird durch ein EXEC-File gesteuert. Dieser EXEC-File arbeitet das unten aufgeführte und kompilierte Pascal-Programm T.APPLE.EXEC ab. Er erzeugt einen File KISTE, der die übertragenen Daten enthält.

```
/PROC N
/FILE KISTE,LINK=KISTE,BLKSIZE=STD
/EXEC T.APPLE.EXEC
/SYSFILE SYSDTA=(SYSCMD)
/SETSW ON=(4,5)
/EXEC EDT
§READ'KISTE'
§O&F'##'CS''
§O&D'##'
§WRITE'KISTE'
§HALT
/SETSW OFF=(4,5)
/FSTAT KISTE,ALL
/ENDP
```

```
PROGRAM TAPPLE(INPUT,OUTPUT,KISTE);
TYPE DELICIUS=RECORD APFEL1984:ARRAY[1..130] OF CHAR;
     END;
VAR I,J,K,L:INTEGER;
    KISTE:FILE OF DELICIUS;APFELERNTE:DELICIUS;
    FELD:ARRAY[0..30000] OF CHAR;
BEGIN
   WRITELN(CHR(12));
   WRITE('==============================================');
   WRITELN('===============================');
   WRITELN('Datentransfer Apple-BS 2000 mit vollem Protokoll');
   WRITE('==============================================');
   WRITELN('===============================');
   I:=0;
   READLN;
   REPEAT
      I:=I+1;
      READ(FELD[I]);
      IF (ORD(FELD[I])<74) AND (FELD[I]<>' ') THEN I:=I-1;
   UNTIL (I>=30000) OR ((FELD[I]='§') AND (FELD[I-1]='§'));
   J:=I-2;IF J=0 THEN J:=1;
   REWRITE(KISTE);
   WRITE('==============================================');
   WRITELN('===============================');
   WRITELN('Bitte warten........');
   K:=0;
   REPEAT
      I:=0;
      REPEAT
         K:=K+1;
         I:=I+1;
         APFELERNTE.APFEL1984[I]:=FELD[K];
      UNTIL (K>=J) OR (FELD[K] ='$') OR (I>=130);
      IF  APFELERNTE.APFEL1984[I]='$' THEN I:=I-1;
```

```
      IF I<130 THEN FOR L:=I+1 TO 130 DO
      APFELERNTE.APFEL1984[L]:=' ';
      APFELERNTE.APFEL1984[I+1]:='#';
      APFELERNTE.APFEL1984[I+2]:='#';
      KISTE§:=APFELERNTE;
      PUT(KISTE);
   UNTIL (K>=J);
   CLOSE(KISTE);
   WRITE('================================================');
   WRITELN('===============================');
   WRITELN('PROGRAMM BEENDET:APPLE ==> KISTE.');
   WRITE('================================================');
   WRITELN('===============================');
END.
```

Kompilieren Sie dieses Programm im BS 2000 und nennen Sie den kompilierten File T.APPLE.EXEC. Den ersten File mit den Betriebssystem-Befehlen nennen Sie T.APPLE.DO. Durch den Aufruf DO T.APPLE.DO startet der Datentransfer und wird dann automatisch abgearbeitet.

21 Das Gesamtprogramm

Das Programm ist zu mächtig, um auf einmal im Editor gehalten zu werden. Es ist daher in zwei Teile aufgeteilt. Der zweite Teil enthält eine Compiler-Option, zuerst Teil 1 zu kompilieren.

```
(*$S++*)
PROGRAM DFUE;
CONST MAX=18943;          (* Länge Speicher *)
      MIN=17024;             (* MAX - 1919 *)
      SCREENTOP=1919;     (* Länge SCREEN-Speicher *)
      XSPEICHER=1403;     (* bitte an eigene *)
      YSPEICHER=1531;     (* 80-Zeichen-Karte anpassen *)
      LINKS=8;
      RECHTS=21;
      HOME=64;
      DOWN=67;
      UP=68;
      ZEILELOESCHEN=69;
      BILDLOESCHEN=70;
      ENDE=3;

VAR U,X,Y,I,J,K,LL,LO,SP,LINIE,LINE,
    XALT,DRIVE,XX,BOTTOM,SPEICHER,Z,
    ENDWAHL,BA,BE,LG,ANZAHL,KEY,SLOT,
    ACIA,DATA,STATUS,COMMAND,CONTROL:INTEGER;
    SU,ST:STRING[16];
    E:FILE OF CHAR;
    SCREEN:PACKED ARRAY[0..MAX] OF CHAR;
    ZEILE:ARRAY[0..23] OF INTEGER;
    C,G:CHAR;
    Q:TEXT;
    BUFFER:PACKED ARRAY[0..511] OF CHAR;
    PRINTER,RECIN,RECOUT,RECINOUT,NEVER:BOOLEAN;
```

```
FUNCTION PEEK(ADRESSE:INTEGER):INTEGER;EXTERNAL;

PROCEDURE POKE(ADRESSE:INTEGER;WERT:CHAR);EXTERNAL;

PROCEDURE INVERSE;
BEGIN
   WRITE(CHR(154),'3');  (* Bitte an eigene 80-Zeichen- *)
END;                     (* Karte anpassen *)

PROCEDURE NORMAL;
BEGIN
   WRITE(CHR(154),'2');  (* Bitte an eigene 80-Zeichen- *)
END;                     (* Karte anpassen *)

PROCEDURE INITIALISIERUNG;
BEGIN
   SLOT:=2;
   KEY:=-16384;
   ACIA:=-16256+16*SLOT;
   DATA:=ACIA;
   STATUS:=ACIA+1;
   COMMAND:=ACIA+2;
   CONTROL:=ACIA+3;
   POKE(COMMAND,CHR(105));
   POKE(CONTROL,CHR(182));
END;

PROCEDURE TOP2;
BEGIN
   WRITE(CHR(12));
   INVERSE;
   WRITE('Pascal Intercomputer- Communication Apple ');
   WRITELN('- HOST Telefon ########       Ende=#Q');
   NORMAL;
END;
```

```
PROCEDURE DRUCKER;
BEGIN
   IF PRINTER THEN WRITE(Q,C);
END;

PROCEDURE ZEILEN;
BEGIN
   LINE:=LINE-LINIE;
   IF LINE<0 THEN LINE:=24+LINE;
END;

PROCEDURE ORT;
BEGIN
   X:=PEEK(XSPEICHER);
   Y:=PEEK(YSPEICHER);
   U:=(Y-LINIE)*80+X+MIN;
   IF U<MIN THEN U:=U+1+SCREENTOP;
   IF U>MAX THEN U:=U-1-SCREENTOP;
END;

PROCEDURE INPUT;
BEGIN
   I:=PEEK(DATA);
   C:=CHR(I);
   IF I=10 THEN
   BEGIN
      LINE:=Y;
      ZEILEN;
      ZEILE[LINE]:=U;
      IF Y=23 THEN LINIE:=LINIE-1;
      IF LINIE<0 THEN LINIE:=23;
      WRITELN;
   END;
   ORT;
   IF (I>31) OR (I=12) THEN WRITE(C);
```

```
   IF I>31 THEN
   BEGIN
      SCREEN[U]:=C;
      U:=U+1;
      IF U>MAX THEN U:=MIN;
   END;
   IF (RECIN OR RECINOUT) AND ((I=10) OR (I>=32)) THEN
   BEGIN
      IF I=10 THEN I:=13;
      SCREEN[SPEICHER]:=C;
      SPEICHER:=SPEICHER+1;
      IF SPEICHER>=MIN THEN SPEICHER:=0;
   END;
END;

PROCEDURE POLLING;
BEGIN
   Y:=PEEK(YSPEICHER);
   REPEAT
      IF PEEK(STATUS) >127 THEN INPUT;
   UNTIL PEEK(KEY)>128;
END;

PROCEDURE WEITER;
BEGIN
   WRITELN;
   IF ENDWAHL=1 THEN WRITE('(Ende=0) ');
   WRITE('Bitte Taste druecken ===> ');
   POLLING;
   READ(C);
END;

PROCEDURE TOP1;
BEGIN
   TOP2;
```

```
   GOTOXY(0,5);
   WRITELN('Wählen Sie bitte das Laufwerk:');
   REPEAT
      GOTOXY(0,10);
      WRITELN('0 - Ende');
      WRITELN;
      WRITELN('1 - Drive 1');
      WRITELN;
      WRITELN('2 - Drive 2');
      WRITELN;
      WRITE('===> ');
      POLLING;
      READ(C);
   UNTIL (C>='0') AND (C<='2');
   DRIVE:=ORD(C)-48+3;
END;

PROCEDURE HELP1;
BEGIN
   WRITE('Q - Ende                          ');
   WRITELN('R - Verfiziere Bildschirm');
   WRITELN;
   WRITE('S - Second Password               ');
   WRITELN('T - Lösche Bildschirm');
   WRITE('U - BS 2000 80 Zeichen            ');
   WRITELN('V - BS 2000 120 Zeichen');
   WRITE('W - Pointer-Position (Memory)     ');
   WRITELN('X - Status und Tastenbelegung');
   WRITELN;
   WRITE('Y - Buffer-Anfang-Ende verändern  ');
   WRITELN('Z - Zero Buffer');
   WRITELN;
   INVERSE;
   WRITE('Pascal Intercomputer-Communication Apple - HOST');
   WRITELN(' Bitte Logon abschicken       ');
```

```
    NORMAL;
    WRITE('Freier Buffer: ',MIN-SPEICHER-1:6);
    WRITE('     Benutzter Buffer: ',SPEICHER-BOTTOM:6);
    WRITELN('      Free Memory: ',MEMAVAIL:5);
END;

PROCEDURE HELP;
BEGIN
    TOP2;
    WRITELN('Bitte wählen Sie:');
    WRITELN('-----------------');
    WRITE('A - Recording Input only               ');
    WRITELN('B - Record Output only');
    WRITE('C - Record Input and Output            ');
    WRITELN('D - List Recording');
    WRITE('E - End of Recording                   ');
    WRITELN('F - Buffer an BS 2000 senden');
    WRITELN;
    WRITE('G - Information                        ');
    WRITELN('H - Help: diese Information');
    WRITE('I - Lösche einen File                  ');
    WRITELN('J - Catalog');
    WRITE('K - Save Recorded Data to a File       ');
    WRITELN('L - Lade einen File');WRITELN;
    WRITE('M - BS 2000 Logon Nr.1                 ');
    WRITELN('N - BS 2000 Logon Nr. 2');
    WRITE('O - Printer off                        ');
    WRITELN('P - Printer on');
    HELP1;
END;

PROCEDURE BILDSCHIRMLOESCHEN;
BEGIN
    GOTOXY(X,Y);
    IF Y>=LINIE THEN
```

```
    BEGIN
       K:=MAX-80*LINIE-1;
       FOR J:=U TO K DO
       BEGIN
          WRITE(' ');
          SCREEN[J]:=' ';
       END;
    END;
    IF Y<LINIE THEN
    BEGIN
       K:=MAX-1;
       FOR J:=U TO K DO
       BEGIN
          WRITE(' ');
          SCREEN[J]:=' ';
       END;
       I:=MIN;
       K:=MIN+(23-LINIE)*80+79;
       FOR J:=I TO K DO
       BEGIN
          WRITE(' ');
          SCREEN[J]:=' ';
       END;
    END;
END;

PROCEDURE CURSOR;
BEGIN
    ORT;
    IF Z=LINKS THEN
    BEGIN
       XALT:=XALT-1;
       IF XALT<0 THEN XALT:=0;
       X:=X-1;
       IF X<0 THEN
```

```
      BEGIN
         X:=79;
         Y:=Y-1;
         IF Y<0 THEN Y:=23;
      END;
   END;
   IF Z=RECHTS THEN
   BEGIN
      LINE:=Y;
      ZEILEN;
      IF U<ZEILE[LINE] THEN BUFFER[XALT]:=SCREEN[U]
      ELSE BUFFER[XALT]:=' ';
      WRITE(BUFFER[XALT]);
      XALT:=XALT+1;
      IF XALT>255 THEN XALT:=255;
      X:=X+1;
      IF X>79 THEN
      BEGIN
         X:=0;
         Y:=Y+1;
         IF Y>23 THEN Y:=0;
      END;
      IF Y=23 THEN ZEILE[LINE]:=MAX;
   END;
   IF Z=27 THEN
   BEGIN
      ORT;
      READ(G);
      Z:=ORD(G);
      GOTOXY(X,Y);
      LINE:=Y;
      ZEILEN;
      IF U<ZEILE[LINE] THEN WRITE(SCREEN[U])
      ELSE WRITE(' ');
      IF Z=HOME THEN
```

```
      BEGIN
         Y:=0;X:=0;
      END;
      IF Z=DOWN THEN
      BEGIN
         Y:=Y+1;IF Y>23 THEN Y:=0;
      END;
      IF Z=UP THEN
      BEGIN
         Y:=Y-1;
         IF Y<0 THEN Y:=23;
      END;
      IF Z=ZEILELOESCHEN THEN
      BEGIN
         I:=U-1;
         GOTOXY(X,Y);
         REPEAT I:=I+1;
            WRITE(' ');
            SCREEN[I]:=' ';
         UNTIL (I-MIN) MOD 80=79;
      END;
      IF Z=BILDLOESCHEN THEN BILDSCHIRMLOESCHEN;
   END;
   GOTOXY(X,Y);
   ORT;
END;

PROCEDURE SEND(BUCHST:CHAR);
BEGIN
   REPEAT;
      I:=PEEK(STATUS);
      I:=I-(I DIV 32)*32;
   UNTIL (I>=16);
   POKE(DATA,BUCHST);
END;
```

Ich nehme an, daß der erste Teil des Programms auf der Diskette #5: unter dem Namen DFUE1.TEXT gespeichert wurde.

```
(*$I #5:DFUE1*)
PROCEDURE CATALOG;
VAR LAENGE,KK,MAXI,MAXA,ZEILE,A2,K,LINE,LOWDATUM,
    HIGHDATUM,BYTE,TAG,MON,JAHR:INTEGER;

PROCEDURE TITEL;
BEGIN
   TOP2;
   LAENGE:=ORD(SCREEN[MIN+6]);
   INVERSE;
   WRITE('                    Pascal  Directory  Drive  ');
   WRITE(DRIVE:1,'  ');
   FOR J:=7 TO LAENGE+6 DO WRITE(SCREEN[MIN+J]);
   FOR J:=LAENGE+7 TO 13 DO WRITE(' ');
   WRITELN(':                     ');
   NORMAL;
   WRITELN;
   WRITE('   Filename              Bloecke   Laenge ');
   WRITELN('Bytes      Typ       Datum');
   WRITE('-----------------------------------');
   WRITELN('-----------------------------------');
END;


BEGIN
   IF C<>'0' THEN
   BEGIN
      ZEILE:=6;
      A2:=6;
      FOR KK:=2 TO 5 DO
      BEGIN
         UNITREAD(DRIVE,BUFFER,512,KK);
```

```
      FOR J:=0 TO 511 DO
      IF MIN+512*(KK-2)+J<=MAX THEN
      SCREEN[MIN+512*(KK-2)+J]:=BUFFER[J];
   END;
   ANZAHL:=ORD(SCREEN[MIN+17])*16+ORD(SCREEN[MIN+16]);
   TITEL;
   KK:=0;
   FOR I:=0 TO ANZAHL-1 DO
   BEGIN
      KK:=KK+1;
      K:=MIN+26*I+26;
      HIGHDATUM:=ORD(SCREEN[K+1])*16+ORD(SCREEN[K+0]);
      IF HIGHDATUM<ZEILE THEN HIGHDATUM:=HIGHDATUM+240;
      IF HIGHDATUM<>A2 THEN
      BEGIN
         KK:=KK+1;
         WRITELN('   < unused >  ',-A2+HIGHDATUM+1:3);
      END;
      ZEILE:=HIGHDATUM;
      LOWDATUM:=ORD(SCREEN[K+3])*16+ORD(SCREEN[K+2]);
      IF LOWDATUM<A2 THEN LOWDATUM:=LOWDATUM+240;
      A2:=LOWDATUM;
      MAXA:=LOWDATUM;
      LAENGE:=ORD(SCREEN[K+6]);
      WRITE(I+1:2,' ');
      FOR J:=0 TO LAENGE-1 DO WRITE(SCREEN[K+7+J]);
      FOR J:=LAENGE TO 15 DO WRITE(' ');
      WRITE('   ',HIGHDATUM:4,' - ');
      WRITE(LOWDATUM-1:4,'    ',LOWDATUM-HIGHDATUM:4);
      HIGHDATUM:=ORD(SCREEN[K+23])*16+ORD(SCREEN[K+22]);
      WRITE('   ',HIGHDATUM:4,'    ');
      CASE ORD(SCREEN[K+4]) OF 2:WRITE('Code - File   ');
                               3:WRITE('Text - File   ');
                               5:WRITE('Data - File   ');
      END;
```

```
          LOWDATUM:=ORD(SCREEN[K+24]);
          HIGHDATUM:=ORD(SCREEN[K+25]);
          IF HIGHDATUM MOD 2=1 THEN LOWDATUM:=LOWDATUM+256;
          MON:=LOWDATUM MOD 16;
          TAG:=ROUND(LOWDATUM/16-0.1);
          JAHR:=ROUND(HIGHDATUM/2-0.1);
          WRITELN(TAG:2,'.',MON:2,'.19',JAHR:2);
          IF (KK>0) AND (KK MOD 16=0) THEN
          BEGIN
             WEITER;
             TITEL;
          END;
       END;
       WRITELN;
       WRITE('  ');
       INVERSE;
       WRITE(ANZAHL:3,' Files   ',MAXA:3,' maximale Anzahl');
       WRITE(' von Bloecken (mit Luecken) ',280-MAXA:3,' Bloec');
       WRITELN('ke frei');
       NORMAL;
    END
    ELSE
    HELP;
 END;

 PROCEDURE MEMORY;
 BEGIN
    WRITELN;
    WRITE('***** Memory: ',BOTTOM:5,' - ',SPEICHER:5,' (max ');
    WRITELN(MAX-1920:5,')  *******');
 END;

 PROCEDURE LOGON1;
 BEGIN
    WRITELN('Logon-Nr1');
```

```
   SEND('L');
   SEND('O');
   SEND('G');
   SEND('O');
   SEND('N');
   SEND('-');
   SEND('N');
   SEND('R');
   SEND('1');
   SEND(CHR(ENDE));
   WRITE(CHR(12));
   LO:=1;
END;

PROCEDURE LOGON2;
BEGIN
   WRITELN('Logon-Nr2');
   SEND('L');
   SEND('O');
   SEND('G');
   SEND('O');
   SEND('N');
   SEND('-');
   SEND('N');
   SEND('R');
   SEND('2');
   SEND(CHR(ENDE));
   WRITE(CHR(12));
   LO:=2;
END;

PROCEDURE ZEILENLAENGE;          (* fuer Siemens BS 2000 *)
BEGIN
   IF G='U' THEN WRITELN('TCHLNGTH=80')
   ELSE
```

```
    WRITELN('TCHLNGTH=120');
    SEND('T');
    SEND('C');
    SEND('H');
    SEND('N');
    SEND('G');
    SEND(' ');
    SEND('L');
    SEND('I');
    SEND('N');
    SEND('E');
    SEND('L');
    SEND('E');
    SEND('N');
    SEND('=');
    IF G='V' THEN
    BEGIN
       LL:=2;
       SEND('1');
       SEND('2');
    END
    ELSE
    BEGIN
       LL:=1;
       SEND('8');
    END;
    SEND('0');
    SEND(CHR(ENDE));
END;

PROCEDURE PASSWORD;
BEGIN
    WRITELN('Password');
    SEND('P');
    SEND('A');
```

```
      SEND('S');
      SEND('S');
      SEND('W');
      SEND('O');
      SEND('R');
      SEND('D');
      WRITE(CHR(12));
      SEND(CHR(ENDE));
      SP:=1;
   END;

   PROCEDURE MEMOINHALT;
   VAR SENDEN:BOOLEAN;
   BEGIN
      WRITELN;
      WRITE('Memory - Inhalt senden (J/N) ?  ===> ');
      READ(C);
      IF (C='J') OR (C='j') THEN SENDEN:=TRUE
      ELSE SENDEN:=FALSE;
      WRITELN;
      INVERSE;
      WRITELN('Memory - Inhalt :');
      NORMAL;
      WRITELN;
      WRITE(BOTTOM:5,' ');
      FOR J:=BOTTOM TO SPEICHER DO
      BEGIN
         IF SCREEN[J]<CHR(27) THEN SCREEN[J]:=CHR(13);
         C:=SCREEN[J];
         WRITE(C);
         IF SENDEN THEN SEND(C);
         IF C=CHR(13) THEN WRITE(J:5,' ');
         DRUCKER;
      END;
      WRITELN;
```

```
   WRITE('***** Memory: ',BOTTOM:5,' - ',SPEICHER:5);
   WRITELN(' (max 'MAX-1920:5,')  *******');
END;

PROCEDURE SAVE;
BEGIN
   TOP2;
   WRITELN;
   WRITELN;
   WRITELN('Bitte wählen Sie:');
   WRITELN;
   WRITELN('0 - Ende');
   WRITELN;
   WRITELN('1 - Textfile');
   WRITELN;
   WRITELN('2 - Daten-File');
   WRITELN;
   REPEAT
      WRITELN;
      WRITE('===> ');
      POLLING;
      READ(C);
   UNTIL (C='1') OR (C='2') OR (C='0');
   IF C='0' THEN EXIT(SAVE);
   WRITELN;
   IF DRIVE=4 THEN SU:='#4:' ELSE SU:='#5:';
   WRITE('Name des Files (ohne Text oder Data) ? ===> ');
   POLLING;
   READLN(ST);
   IF LENGTH(ST)>8 THEN ST:=COPY(ST,1,8);
   IF C='1' THEN ST:=CONCAT(SU,ST,'.TEXT')
   ELSE
   ST:=CONCAT(SU,ST,'.DATA');
   REWRITE(E,ST);
   FOR I:=BOTTOM TO SPEICHER DO
```

```
    BEGIN
       E^:=SCREEN[I];
       PUT(E);
    END;
    CLOSE(E,LOCK);
    CATALOG;
    FOR I:=MIN TO MAX DO SCREEN[I]:=' ';
    WEITER;
    HELP;
 END;

 PROCEDURE ERASE;
 VAR LAENGE:INTEGER;
 BEGIN
    TOP1;
    CATALOG;
    IF C<>'0' THEN
    BEGIN
       WEITER;
       TOP2;
       REPEAT
          GOTOXY(0,8);
          WRITE('Nummer des zu loeschenden Files  (0=Ende) ');
          WRITE('===> ');
          POLLING;
          READLN(I);
       UNTIL (I>=0) AND (I<=ANZAHL-1);
       IF I>0 THEN
       BEGIN
          GOTOXY(0,11);
          LAENGE:=ORD(SCREEN[MIN+26*I+6]);
          SU:='';
          ST:=' ';
          DELETE(ST,1,1);
          FOR J:=0 TO LAENGE-1 DO
```

```
          BEGIN
             FILLCHAR(ST,2,SCREEN[MIN+26*I+7+J]);
             ST:=COPY(ST,1,1);
             SU:=CONCAT(SU,ST);
          END;
          IF DRIVE=4 THEN SU:=CONCAT('#4:',SU)
          ELSE
          SU:=CONCAT('#5:',SU);
          REPEAT
             GOTOXY(0,13);
             INVERSE;
             WRITELN('Erase ',I:2,': *',SU,'*');
             NORMAL;
             WRITELN;
             WRITELN('0 - Ende');
             WRITELN('1 - Loeschen');
             WRITELN;
             WRITE('===> ');
             READ(C);
          UNTIL (C='0') OR (C='1');
          IF C='1' THEN
          BEGIN
             REWRITE(E,SU);
             CLOSE(E,CRUNCH);
             CATALOG;
          END;
          FOR I:=MIN TO MAX DO SCREEN[I]:=' ';
          WEITER;
       END;
       HELP;
    END;
 END;

 PROCEDURE LOAD;
 VAR LAENGE:INTEGER;
```

```
BEGIN
   TOP1;
   CATALOG;
   WEITER;
   TOP2;
   REPEAT
      GOTOXY(0,10);
      WRITE('Nummer des zu ladenden Files  (0=Ende) ===> ');
      POLLING;
      READLN(I);
   UNTIL (I>=0) AND (I<=ANZAHL);
   IF I>0 THEN
   BEGIN
      GOTOXY(0,15);
      LAENGE:=ORD(SCREEN[MIN+26*I+6]);
      WRITE(I:2,' ');
      FOR J:=0 TO LAENGE-1 DO WRITE(SCREEN[MIN+26*I+7+J]);
      WRITELN;
      WEITER;
      SU:='';
      FOR J:=0 TO LAENGE-1 DO
      BEGIN
         C:=SCREEN[MIN+26*I+7+J];
         ST:=' ';
         DELETE(ST,1,1);
         FILLCHAR(ST,2,C);
         ST:=COPY(ST,1,1);
         SU:=CONCAT(SU,ST);
      END;
      IF DRIVE=4 THEN ST:='#4:' ELSE ST:='#5:';
      SU:=CONCAT(ST,SU);
      I:=BOTTOM-1;
      INVERSE;
      WRITELN('Load *',SU,'*');
      NORMAL;
```

```
        RESET(E,SU);
        IF E^<' ' THEN
        REPEAT
           GET(E);
        UNTIL E^>=' ';
        WHILE NOT(EOF(E)) DO
        BEGIN
           I:=I+1;
           IF I>MAX-1920 THEN I:=MAX-1920;
           IF EOLN(E) THEN SCREEN[I]:=CHR(13)
           ELSE SCREEN[I]:= E^;
           GET(E);
        END;
        CLOSE(E,LOCK);
        SPEICHER:=I;
     END;
     HELP;
     FOR I:=MIN TO MAX DO SCREEN[I]:=' ';
  END;

  PROCEDURE POINT;
  BEGIN
     REPEAT
        WRITE('Anfang Buffer  (0 bis ',MAX-1920:4);
        WRITE(')                  ? ===> ');
        READLN(XX);
        BOTTOM:=XX;
     UNTIL (BOTTOM>=0) AND (BOTTOM<=MAX-1920);
     REPEAT
        WRITE('Pointerstellung (Top of Buffer) (');
        WRITE(BOTTOM:5,' bis ',MAX-1920:4,') ? ===> ');
        READLN(XX);
        SPEICHER:=XX;
     UNTIL (SPEICHER>=BOTTOM) AND (SPEICHER<=MAX-1920);
  END;
```

```
PROCEDURE INFO;
BEGIN
   ENDWAHL:=1;C:='1';
   RESET(E,'#5:INFO.TEXT');
   TOP2;
   IF E^<' ' THEN
   REPEAT
       GET(E);
    UNTIL E^>=' ';
    I:=1;
    WHILE NOT(EOF(E)) AND (C<>'0') DO
    BEGIN
       IF I MOD 21=0 THEN
       BEGIN
          WEITER;
          I:=1;
          TOP2;
       END;
       G:=E^;
       WRITE(G);
       IF EOLN(E) THEN
       BEGIN
          I:=I+1;
          WRITELN;
       END;
       GET(E);
    END;
    ENDWAHL:=0;
    IF C<>'0' THEN WEITER;
    CLOSE(E,LOCK);
    HELP;
END;

PROCEDURE STOP;
BEGIN
```

```
   IF SPEICHER>BOTTOM THEN
   BEGIN
      TOP2;
      GOTOXY(0,10);
      WRITELN('Der Buffer ist nicht gesichert!');
      WRITELN;
      WRITELN('0 - Ende');
      WRITELN;
      WRITELN('1 - zurück zum Programm');
      REPEAT
         GOTOXY(0,18);
         WRITE('===> ');
         READ(C);
      UNTIL (C='0') OR (C='1');
   END
   ELSE
   EXIT(DFUE);
   IF C='0' THEN EXIT(DFUE);
   HELP;
END;

PROCEDURE SENDPROC;  (* für Siemens Betriebssystem BS 2000 *)
BEGIN
   TOP2;
   GOTOXY(0,8);
   WRITELN('Transfer Apple ==> Gastrechner');
   WRITE('Voraussetzung: Es existieren beim Gastrechner');
   WRITELN(' die Files "T.APPLE.EXEC" und "T.APPLE.DO"');
   WRITELN;
   WRITELN('0 - Ende');
   WRITELN;
   WRITELN('1 - weiter');
   REPEAT
      GOTOXY(0,18);
      WRITE('===> ');
```

```
      READ(C);
   UNTIL (C='0') OR (C='1');
   IF C='0' THEN EXIT(SEND);
   WRITELN;
   INVERSE;
   WRITELN('Gastrechner: DO T.APPLE.DO using T.APPLE.EXEC');
   NORMAL;
   SEND('D');
   SEND('O');
   SEND(' ');
   SEND('T');
   SEND('.');
   SEND('A');
   SEND('P');
   SEND('P');
   SEND('L');
   SEND('E');
   SEND('.');
   SEND('D');
   SEND('O');
   SEND(CHR(ENDE));
   REPEAT
      Y:=PEEK(YSPEICHER);
      IF PEEK(STATUS) DIV 128=1 THEN INPUT;
   UNTIL (CHR(I)='*') OR (PEEK(KEY)>128);
   IF PEEK(KEY)<129 THEN
   BEGIN
      J:=BOTTOM-1;
      REPEAT
         REPEAT
         J:=J+1;
         IF ORD(SCREEN[J])=13 THEN SEND('$')
         ELSE
         SEND(SCREEN[J]);
         WRITE(SCREEN[J]);
```

```
      UNTIL ((J-BOTTOM) MOD 130=129) OR (J>=SPEICHER)
      OR (PEEK(KEY)>128);
      SEND(CHR(ENDE));
      REPEAT
         IF PEEK(STATUS) DIV 128=1 THEN INPUT;
      UNTIL (CHR(I)='*') OR (PEEK(KEY)>128) OR(J>=SPEICHER);
      IF ((CHR(I)<>'*') AND (J<SPEICHER)) OR (PEEK(KEY)>128)
      THEN
      BEGIN
         TOP2;
         GOTOXY(0,10);
         WRITELN('Stoerungssignal empfangen.');
         WRITELN;
         WRITELN('0 - Ende');
         WRITELN;
         WRITELN('1 - weiter');
         REPEAT
            GOTOXY(0,15);
            WRITE('===> ');
            READ(C);
         UNTIL (C='0') OR (C='1');
         IF C='0' THEN EXIT(SEND);
      END;
      UNTIL (PEEK(KEY)>128) OR (J>=SPEICHER);
      SEND(CHR(ENDE));
      IF PEEK(KEY)>128 THEN READ(C);
      REPEAT
         IF PEEK(STATUS) DIV 128=1 THEN INPUT;
      UNTIL (CHR(I)='*') OR (PEEK(KEY)>128);
      SEND('§');
      SEND('§');
      SEND(CHR(ENDE));
   END;
END;
```

```
PROCEDURE SCREENLOESCHEN;
BEGIN
   WRITE(CHR(12));
   LINIE:=0;
   FOR I:=MIN TO MAX DO SCREEN[I]:=' ';
END;

PROCEDURE VERIFY1;
BEGIN
   FOR I:=BA TO BE DO
   BEGIN
      LINE:=PEEK(YSPEICHER);
      IF PEEK(XSPEICHER)>79 THEN LINE:=LINE+1;
      ZEILEN;
      IF I<ZEILE[LINE] THEN WRITE(SCREEN[I])
      ELSE WRITE(' ');
   END;
END;

PROCEDURE VERIFY;    (* BA=Bufferanfang; BE=Bufferende *)
BEGIN
   LINE:=Y;
   ZEILEN;
   ZEILE[LINE]:=MAX;
   K:=MAX-LINIE*80+1;
   X:=PEEK(XSPEICHER);
   Y:=PEEK(YSPEICHER);
   WRITE(CHR(12));
   BA:=K;
   BE:=MAX;
   VERIFY1;
   BA:=MIN;
   BE:=K-1;
   VERIFY1;
   GOTOXY(X-2,Y);
```

```
   ORT;
END;

PROCEDURE TASTENBELEGUNG(KJ:INTEGER);
BEGIN
   LINE:=MAX-2800;
   FOR J:=LINE+81*(KJ-1) TO LINE+81*KJ-1 DO
   BEGIN
      IF SCREEN[J]<>'#' THEN WRITE(SCREEN[J]);
      IF (K=1) AND (SCREEN[J]<>'#') THEN SEND(SCREEN[J]);
   END;
   WRITELN;
   IF K=1 THEN SEND(CHR(ENDE));
END;


PROCEDURE STATUSPROC;
VAR II:INTEGER;
BEGIN
   TOP2;
   WRITELN('Status:');
   WRITELN('=======');
   WRITE('Printer   : ');
   IF PRINTER THEN WRITELN('on') else WRITELN('off');
   WRITE('Recording : ');
   IF RECIN OR RECINOUT THEN WRITE('input ');
   IF (RECIN AND RECOUT) OR RECINOUT THEN WRITE('and ');
   IF RECOUT OR RECINOUT THEN WRITE('output ');
   IF NOT RECIN AND NOT RECOUT AND NOT RECINOUT THEN
   WRITE('no recording');
   WRITELN;
   WRITE('Buffer    : ');
   WRITELN(BOTTOM:5,' - ',SPEICHER:5);
   WRITE('LOGON-NR. : ');
   IF LO=0 THEN WRITE('nicht');
```

```
   IF LO=1 THEN WRITE('Nr. 1');
   IF LO=2 THEN WRITE('Nr. 2');
   WRITELN(' abgesetzt');
   WRITE('Linelength: ');
   IF LL=0 THEN WRITE('nicht');
   IF LL=1 THEN WRITE('80 Zeichen');
   IF LL=2 THEN WRITE('120 Zeichen');
   WRITELN(' abgesetzt');
   WRITE('Gast SecPw: ');
   IF SP=0 THEN WRITE('nicht ');
   WRITELN('abgesetzt');
   WRITELN;
   WRITELN;
   K:=0;
   WRITELN('Belegte Tasten:');
   WRITELN('===============');
   FOR II:=1 TO 10 DO
   BEGIN
      WRITE(II:1,'-');
      TASTENBELEGUNG(II);
   END;
END;

PROCEDURE FUNKTIONEN;
BEGIN CASE G OF
      'A':BEGIN
             RECIN:=TRUE;
             WRITELN;
             WRITELN('***** Recording in ****');
          END;
      'B':BEGIN
             RECOUT:=TRUE;
             WRITELN;
             WRITELN('***** Recording out ********');
          END;
```

```
'C':BEGIN
       RECINOUT:=TRUE;
       WRITELN;
       WRITELN('***** Recording in and out ******');
    END;
 'D':MEMOINHALT;
 'E':BEGIN
       RECIN:=FALSE;
       RECOUT:=FALSE;
       RECINOUT:=FALSE;
       WRITELN;
       WRITELN('***** All Recording off ****');
    END;
 'F':SENDPROC;
 'G':INFO;
 'H':HELP;
 'I':ERASE;
 'J':BEGIN
       TOP1;
       CATALOG;
       FOR I:=MIN TO MAX DO SCREEN[I]:=' ';
    END;
 'K':BEGIN
       MEMOINHALT;
       WEITER;
       TOP1;
       CATALOG;
       WEITER;
       SAVE;
    END;
 'L':LOAD;
 'M':LOGON1;
 'N':LOGON2;
 'O':BEGIN
       IF PRINTER THEN CLOSE(Q,LOCK);
```

```
                  PRINTER:=FALSE;
                  WRITELN;
                  WRITELN('***** Printer off *****');
               END;
            'P':BEGIN
                  IF NOT PRINTER THEN REWRITE(Q,'PRINTER:');
                  PRINTER:=TRUE;
                  WRITELN(Q,' ');
                  WRITELN;
                  WRITELN('***** Printer on  *****');
                END;
             'Q':STOP;
             'R':VERIFY;
             'S':PASSWORD;
             'T':SCREENLOESCHEN;
             'U':ZEILENLAENGE;
             'V':ZEILENLAENGE;
             'W':MEMORY;
             'X':STATUSPROC;
             'Y':POINT;
             'Z':BEGIN
                    SPEICHER:=0;
                    BOTTOM:=0;
                    MEMORY;
                 END;
   END;
   J:=ORD(G)-48;
   IF J=0 THEN J:=10;
   IF (J>0) AND (J<11) THEN
   BEGIN
      K:=1;TASTENBELEGUNG(J);
   END;
   FOR I:=0 TO 255 DO BUFFER[I]:=' ';
   ORT;
END;
```

```
PROCEDURE OUTPUT;
BEGIN
   REPEAT
      POLLING;
      Y:=PEEK(YSPEICHER);
      X:=PEEK(XSPEICHER);
      READ(G);
      Z:=ORD(G);
      IF (Z=LINKS) OR (Z=RECHTS) OR (Z=27) THEN CURSOR
      ELSE IF (G<>'#') AND (Z>31) AND NOT EOLN THEN
      BEGIN
         SCREEN[U]:=G;
         U:=U+1;
         BUFFER[XALT]:=G;
         XALT:=XALT+1;
         IF XALT>255 THEN XALT:=255;
         IF U>MAX THEN U:=MIN;
      END;
      IF EOLN THEN
      BEGIN
         READLN;
         G:=CHR(ENDE);
      END;
   UNTIL (G=CHR(ENDE)) OR (G='#');
   LINE:=Y;
   ZEILEN;
   ZEILE[LINE]:=U;
   LINE:=PEEK(YSPEICHER);
   IF G<>'#' THEN
   BEGIN
      GOTOXY(X,LINE-1);
      FOR J:=X TO 79 DO WRITE(' ');
      GOTOXY(0,LINE);
   END;
   IF (Y=23) AND (G<>'#') THEN LINIE:=LINIE-1;
```

```
    IF LINIE<0 THEN LINIE:=23;
    ORT;
    FOR J:=0 TO XALT-1 DO
    IF BUFFER[J]<>'#' THEN
    BEGIN
       SEND(BUFFER[J]);
       C:=BUFFER[J];
       DRUCKER;
       IF RECOUT OR RECINOUT THEN
       BEGIN
          SCREEN[SPEICHER]:=BUFFER[J];
          SPEICHER:=SPEICHER+1;
          IF SPEICHER>=MIN THEN SPEICHER:=0;
       END;
    END;
    IF PRINTER THEN WRITELN(Q);
    IF G<>'#' THEN
    BEGIN
       IF RECOUT OR RECINOUT THEN
       BEGIN
          SCREEN[SPEICHER]:=CHR(ENDE);
          SPEICHER:=SPEICHER+1;
          IF SPEICHER>=MIN THEN SPEICHER:=0;
       END;
       IF XALT>0 THEN SEND(CHR(ENDE));
       FOR J:=0 TO XALT DO BUFFER[J]:=' ';
       XALT:=0;
    END;
 END;

 PROCEDURE INOUT;
 BEGIN
    REPEAT
       IF G='#'
       THEN
```

```
      BEGIN
         READ(G);
         Z:=ORD(G);
         IF Z>95 THEN G:=CHR(Z-32);
         FUNKTIONEN;
      END;
      OUTPUT;
   UNTIL NEVER;
END;

BEGIN
   LO:=0;
   LL:=0;
   SP:=0;
   FOR J:=0 TO 255 DO BUFFER[J]:=' ';
   XALT:=0;
   RECIN:=FALSE;
   RECOUT:=FALSE;
   RECINOUT:=FALSE;
   PRINTER:=FALSE;
   BOTTOM:=0;
   NEVER:=FALSE;
   G:=' ';
   LINIE:=23;
   INITIALISIERUNG;
   SPEICHER:=0;
   ENDWAHL:=0;
   U:=MIN;
   FOR I:=0 TO 23 DO ZEILE[I]:=MAX;
   HELP;
   RESET(E,'#5:TASTEN.TEXT');
   IF E^<' ' THEN
   REPEAT
      GET(E);
   UNTIL E^>=' ';
```

```
    J:=MAX-2800-1;
    WHILE NOT EOF(E) DO
    BEGIN
        J:=J+1;C:=E^;
        SCREEN[J]:=C;GET(E);
    END;
    CLOSE(E,LOCK);
    ORT;
    FOR I:=MIN TO MAX DO SCREEN[I]:=' ';
    INOUT;
END.
```

Dieses Programm muß kompiliert werden (nur der 2. Teil, der erste Teil wird dann automatisch aufgerufen). Anschließend muß es mit PEEKASS "gelinkt" werden. Schauen Sie sich hierzu noch einmal Kapitel 8 an. Schließen Sie den Akustik-Koppler an Ihre Interface-Karte an oder führen Sie die Hardware-Steckverbindungen durch, wie sie im Kapitel 7 beschrieben wurden. Empfängt das Programm nicht $\overline{\text{CTS}}$ ($\overline{\text{Clear To Send}}$), so "hängt" es.

Starten Sie das Programm. Es erscheint sofort die Menükarte. Bei angeschlossenem Akustik-Koppler muß dieser "pfeifen". Das Programm liest noch für einige Sekunden den Tasten-File ein. Jetzt können Sie mit der Inter-Computer-Communication beginnen. Die ersten Versuche werden gewiß trivialer verlaufen. Die Lautstärken der beteiligten Akustik-Koppler müssen unter Umständen angepaßt werden. Sie können jederzeit aus dem Programm mit #Q aussteigen und an Ihrem Terminal Arbeiten verrichten. Sind Sie mit einem Rechner verbunden, der nach einigen Sekunden die Verbindung trennt, wenn der "Answer-Ton" ausbleibt, so brauchen Sie sich nicht zu beunruhigen. Der ACIA ist initialisiert und hält die Trägerfrequenz, solange nicht die RESET-Taste gedrückt wird.

22 Anpassung an andere Interfaces und Computer

22.1 Die AP-2 von IBS

Die AP-2 besitzt ein EPROM, mit dem viele weitere Funktionen ausgeführt werden können. Für dieses Programm kann sie direkt benutzt werden. Es muß lediglich die Basisadresse ACIA in INITIALISIERUNG geändert werden: ACIA=$C08C=-16244

```
ACIA:=-16244+16*SLOT;
```

Weitere Änderungen brauchen nicht durchgeführt zu werden.

22.2 Die AP-9 von IBS

Es sind verschiedene Prozeduren zu ändern:

1. Es müssen die Variablen ACR, TIMER1, SERIELL und SWAP vom Typ Integer eingeführt werden. STATUS, COMMAND und CONTROL werden nicht mehr benötigt. Die Prozedur INITIALISIERUNG muß neu geschrieben werden. Da die AP-9 noch viele weitere Funktionen ausführen kann, muß ein "Master-Reset" durchgeführt werden.

```
VAR ACR,TIMER1,SERIELL,SWAP:INTEGER;

PROCEDURE INITIALISIERUNG;
BEGIN
   SLOT:=2;
   KEY:=-16384;
   ACIA:=-16248+16*SLOT;
   DATA:=ACIA+1;
   ACR:=ACIA+3;
```

```
   SWAP:=ACIA+7;
   TIMER1:=ACIA-3;
   SERIELL:=ACIA+2;
   POKE(ACR,CHR(192));         (* ACR setzen *)
   POKE(TIMER1,CHR(0));        (* Timer1 läuft *)
   POKE(SERIELL,CHR(104));     (* Serielles Schieber. setzen *)
   I:=PEEK(SWAP);              (* Serielles Schieber. einsch. *)
   POKE(ACIA,CHR(3));          (* Master-Reset *)
   POKE(ACIA,CHR(129));        (* Interrupt disabled, Clock*)
END;                           (* divide ratio=16 und RTS "low" *)
```

2. POL:

   Statt:

   IF PEEK(STATUS)>127 THEN INPUT;

   muß es heißen:

   IF PEEK(ACIA) MOD 2=1 THEN INPUT;

   (Bedeutung: ist das Empfangsregister voll?)

3. SEND:

```
   Statt: REPEAT
             I:=PEEK(STATUS);
             I:=I-(I DIV 32)*32;
          UNTIL I>=16;
   muß es heißen:
   REPEAT
      I:=PEEK(ACIA);
   UNTIL (I MOD 4=2) OR (I MOD 4=3);
```

   (Bedeutung: ist das Senderegister leer?)

4. SENDPROC:

   Statt IF PEEK(STATUS) DIV 128 =1 THEN INPUT;

   muß es dreimal heißen:

   IF PEEK(ACIA) MOD 2=1 THEN INPUT;

   (Bedeutung: Zeichen empfangen?)

5. STOP:

```
Statt EXIT(DFUE)
muß es zweimal heißen:
BEGIN
   I:=PEEK(SWAP)
   EXIT(DFUE);
END;
(Bedeutung: schalte ACIA ab)
```

Der Asynchronous Communications Interface Adapter ACIA 6850

Die AP-9 von IBS enthält einen VIA 6522 und einen ACIA 6850 (UART). Dieser enthält zwei "Nur-Lesespeicher", ein Status- und Empfangsdatenregister sowie zwei "Nur-Schreibspeicher", Steuer- und Sendedatenregister. Steuer- und Statusregister arbeiten im Schattenmodus, sie haben nur eine physikalische Adresse, dies gilt ebenso für das Sende- und Empfangsregister. Durch SWAP wird immer dieselbe Ansprechadresse gewährleistet. SWAP schaltet die serielle Schnittstelle ein.

Die Register des ACIA 6850

1. Das Steuerregister ACIA: Interruptsteuerung, Transmissions-Kontrollle, Wortlänge und "Clock divide ratio" (kann nur beschrieben werden, Schattenmodus zum Statusregister). Der ACIA besitzt keinen RESET-Eingang. Daher müssen die Bits 0 und 1 am Anfang einmal gesetzt werden ("Master-Reset") (POKE(ACIA,CHR(3)).

Bit 7:Receive interrupt enable
Bit 6:Transmit control 2
Bit 5:Transmit control 1

Bit 4,3,2:Word select

Bit 1,0:Counter divide select

im einzelnen:

Bit 6,5: 00:$\overline{\text{RTS}}$ "low"
10:$\overline{\text{RTS}}$ "high"

Bit 4,3,2: 000:7 Bits, "even parity", 2 Stop-Bits
001:7 Bits, "odd parity", 2 Stop-Bits etc.

Bit 1,0: 00:Clock divide ratio = 1
01:Clock divide ratio = 16
10:Clock divide ratio = 64
11:"Master Reset"

keine Interrupts, $\overline{\text{RTS}}$ "low", 7 Bits, "even parity", 2 Stop-Bits, extern eine Übertragungsrate von 4800 Bd erzeugen (TIMER1) und sie intern durch 16 dividieren.

129 = 1 0 0 0 0 0 0 1

2. Das Statusregister ACIA : Paritäts- und Datenprüfung (kann nur gelesen werden, Schattenmodus zum Steuerregister)

Bit 7:Interrupt Request

Bit 6:Parity Error

Bit 5:Receiver overrun

Bit 4:Framing Error

Bit 3:$\overline{\text{CTS}}$

Bit 2:$\overline{\text{DCD}}$

Bit 1:Transmit Data Register TD empty

Bit 0:Receive Data Register RD full

Da der $\overline{\text{Interrupt Request}}$ abgeschaltet wird, muß beim Senden Bit 1 des Statusregisters und beim Empfang Bit 0 abgefragt werden. Es sei noch einmal daran erinnert: das Steuer- und Statusregister haben die gleiche Adresse. Greift man schreibend auf diese Adresse zu, so schreibt man auf das Steuerregister. Liest man das Register, so liest man das Statusregister. Die Abfrage auf Empfang lautet:

```
IF PEEK(ACIA) MOD 2 = 1 THEN INPUT;
```

Die Abfrage auf Senden lautet:

```
IF (PEEK(ACIA) MOD 4=2) OR (PEEK(ACIA) MOD 4=3) THEN...
```

3. Das Empfangsregister DATA verhält sich wie das Empfangsregister des ACIA 6551.

4. Das Senderegister DATA verhält sich wie das Senderegister des ACIA 6551.

Vier Register des VIA 6522

Zusätzlich wird die AP-9-Karte durch vier Register des VIA 6522 gesteuert.

5. ACR : Auxiliary Control Register = ACIA+3

```
Bit 7:       1:freilaufende Betriebsart Zähler 1
Bit 6:       1:Ausgabe über Pb7 frei
Bit 5:       0:---
Bit 4,3,2:   000:Sperre Schieberegister
Bit 1,0:     00:Eingangs-Zwischenspeicher Port A,B gesperrt
```

Taktgenerator laden: POKE(ACR,192) 192 = 1 1 0 0 0 0 0 0

6. TIMER1 : Echtzeit-Uhr zur Erzeugung des Taktes = ACIA-3.

7. SERIELL : Serielles E/A-Schieberegister = ACIA+2.

Das serielle Eingabe-Ausgabe-Schieberegister bestimmt die Übertragungsrate entsprechend der folgenden Tabelle:

Rate/Bd	Low-Byte	High-Byte	dezimal
19200	18	0	24
9600	33	0	51
7200	45	0	69
4800	68	0	104
3600	8B	0	139
2400	D2	0	210
1800	18	1	280
1200	A6	1	422
600	4E	3	846
300	9E	6	1694

Wir wählen eine Übertragungsrate von 4800 Bd, die intern durch 16 geteilt wird: Das serielle Schieberegister muß mit 104 geladen werden: POKE(SERIELL,CHR(104)). Die Taktfrequenz wird von der 1,024 MHz-Frequenz der CPU abgeleitet:
t = 104*1,024*0,000976563*2 ms = 0,208 ms.
Dies entspricht einer Taktfrequenz von f = 4,808 kHz. Das Schieberegister steuert den Timer.

8. SWAP = ACIA+7. SWAP schaltet die Register des ACIA in den Adreßraum. SWAP schaltet die serielle Schnittstelle ein und aus.

Adressen (+16*SLOT dezimal oder 10*SLOT hexadezimal):

---

1. ACIA Steuerregister:	ACIA=-16248=$C088
2. ACIA Statusregister:	ACIA=-16248=$C088
3. Datenempfangsregister:	DATA=-16247=$C089=ACIA+1
4. Datensenderegister:	DATA=-16247=$C089=ACIA+1

```
5. SWAP:                         SWAP   =-16241=$C08F=ACIA+7
6. Auxilary Control Register: ACR    =-16245=$C08B=ACIA+3
7. TIMER1:                       TIMER1 =-16251=$C085=ACIA-3
8. SERIELL                       SERIELL=-16246=$C08A=ACIA+2
```

Zur Benutzung:
----

1. Timer1 initiieren (POKE(TIMER1,CHR(0))

2. Auxiliary Control Register ACR setzen: POKE(ACR,192).

3. Serielles E/A-Schieberegister setzen: POKE(SERIELL,CHR(104)).

4. ACIA aktivieren: PEEK(SWAP) (serielle Schnittstelle einschalten).

5. Es muß ein "Master-Reset" durchgeführt werden, da der ACIA auf die RESET-Taste nicht reagiert. Bits 0 und 1 des Steuerregisters müssen binär mit 11 besetzt werden: POKE(ACIA,3).

6. Das ACIA-Steuerregister richtig laden: POKE (ACIA,129)

Bit 7: Interrupt request
Bit 6,5: 00=$\overline{\text{RTS}}$ "low"
Bit 4,3,2: 000=7 Bits, "even parity", 2 Stop-Bits
Bit 1,0: 01=Externer Takt:16

129 = 1 0 0 0 0 0 0 1

7. Vor und nach dem Lesen/Schreiben von DATA soll SWAP gelesen werden.

22.3 Der BASIS 108

Der BASIS 108 besitzt ein serielles Interface mit dem ACIA 6551. Dieses befindet sich zusammen mit dem Druckerinterface in Slot 1. Daher muß die Basisadresse um 8 ansteigen.

Es müssen vier Änderungen durchgeführt werden, die
1. die Basisadressen,
2. die Invers-Darstellung,
3. die Cursorsteuerung und
4. Linefeed und Carriage Return am Ende einer Zeile betreffen.

1. Die Basisadresse

Da das serielle Interface fest eingebaut ist, wird die Variable SLOT nicht benötigt. Die Basisadresse lautet:

```
ACIA:= $C098 = -16232;
```

Zwei Konstanten besitzen einen anderen Wert:

```
XSPEICHER=244;
YSPEICHER=245;
```

2. Die Invers-Darstellung

Auf dem BASIS 108 lassen sich inverse Zeichen nur durch ein Assembler-Programm, das Manipulationen im BIOS (Basic Input/Output System) ausführt, realisieren. Zuerst wird das Apple-BIOS an einer bestimmten Stelle wiederhergestellt. Aufgrund des Zeichensatzes können nur Großbuchstaben invers dargestellt werden. Deshalb werden Kleinbuchstaben in Großbuchstaben umgewandelt. Beim BASIS 108 ist der RAM-Adreß-bereich $D000 bis $DFFF doppelt belegt. Dieser Bereich ist schreibgeschützt. Der Schutz kann per Software aufgehoben werden. Diese beiden parallelliegenden Blöcke bezeichne ich mit BANK1 und BANK2. Der für die Invers-Darstellung wichtige Bereich liegt in BANK2. Die beiden Adressen $C083 und $C08B schalten jeweils die zuständige Bank ein und aus. Es gilt: Durch zweimaliges Lesen von $C083 kann BANK2 gelesen und beschrieben werden. Durch einmaliges Lesen von $C08B wird wieder BANK1 eingeschaltet.

Auf dem Bildschirm kann keine FLASH und INVERSE-Darstellung gleichzeitig erfolgen. Es erfolgt immer die Darstellung, die dem Cursor entspricht. Also: blinkender Cursor bedingt eine FLASH-Darstellung. Ein inverser, aber ruhender Cursor führt zur INVERSE-Darstellung. Und weiter: jede Änderung der Cursor-Darstellung verändert den gesamten Bildschirm, macht aus INVERSE FLASH und umgekehrt. Daher sind beide Darstellungen gleichzeitig nicht möglich. Beide Programme sind folglich fast gleich. Zuerst muß die entsprechende Cursor-Darstellung gewählt werden. Diese lautet für

```
INVERSE         FLASH
-----------------------
LDA #0FF        LDA #0FF
STA BANK        STA BANK+1
```

Der Schalter $C000 (=BANK) schaltet die INVERSE-Darstellung ein, BANK+1 die FLASH-Darstellung. Dann wird durch zweimaliges Lesen von BANK2 diese Bank eingeschaltet und schreibfähig gemacht. Das alte Apple BIOS wird restauriert und schließlich wieder BANK1 eingeschaltet.

Die NORMAL-Prozedur verläuft eintsprechend. Jedoch muß es zwei dieser Prozeduren geben, entsprechend der Cursor-Darstellung. Der Unterschied liegt ebenfalls nur darin, ob #0FF nach BANK oder BANK+1 geschrieben wird.

Für FLASH sind folgende Änderungen durchzuführen: Zu Beginn der Prozeduren FLASH und NORMFLASH muß jeweils LDA #0FF STA BANK+1 stehen.

Die Deklaration im Pascal-Programm lautet:

```
PROCEDURE INVERSE;EXTERNAL;

PROCEDURE NORMAL;EXTERNAL;
```

Das Assembler-Programm besteht aus drei Prozeduren:

```
;----------------------------------------
;  INVERSE, NORMAL und FLASH für BASIS 108
;----------------------------------------

         .MACRO POP          ; Pascal-Startadresse
         PLA
         STA %1
         PLA
         STA %1+1
         .ENDM
         .MACRO PSH          ; Pascal-Rücksprung
         LDA %1 +1
         PHA
         LDA %1
         PHA
         .ENDM

;----------------------------------------
;  Festlegung der Konstanten und Speicher
;----------------------------------------
```

```
RETURN   .EQU 0
BANK2    .EQU 0C083          ; BANK 2 aktivieren
BANK1    .EQU 0C08B          ; BANK 1 aktivieren
BANK     .EQU 0C000
BASIS    .EQU 0DAA7          ; ab hier BIOS ändern

;----------------------------------------
;   Beginn der Prozedur
;----------------------------------------

         .PROC INVERSE
         POP RETURN
         LDA #0FF            ; Cursor inverse
         STA BANK            ; für FLASH: BANK+1
         LDA BANK2           ; BANK 2 aktivieren (zweimal lesen)
         LDA BANK2
         LDX #0
         LDA #0C9            ; CMP
         STA BASIS,X         ; Apple-BIOS restaurieren
         INX
         LDA #060
         STA BASIS,X         ; Kleinbuchstaben?
         INX
         LDA #090
         STA BASIS,X         ; BCC
         INX
         LDA #002            ; $DAAD
         STA BASIS,X
         INX
         LDA #0E9
         STA BASIS,X         ; SBC
         INX
         LDA #020            ; Kontrollzeichen?
         STA BASIS,X
         INX
```

```
LDA #029            ; AND
STA BASIS,X
INX
LDA #03F            ; mache große daraus
STA BASIS,X
INX
LDA #009            ; ORA
STA BASIS,X
INX
LDA #080            ; 80=normal, 40=flash, 0=invers
STA BASIS,X
LDA BANK1           ; BANK 1 aktivieren
PSH RETURN
RTS                 ; End of Inverse


.PROC NORMAL        ; NORMAL zu INVERSE
POP RETURN
LDA #0FF            ; Cursor inverse
STA BANK            ; für FLASH: BANK+1
LDA BANK2           ; BANK 2 aktivieren
LDA BANK2           ; zweimal lesen
LDX #0
LDA #04C            ; BIOS BASIS 108 restaurieren
STA BASIS,X
INX
LDA #076
STA BASIS,X
INX
LDA #0DB
STA BASIS,X
INX
LDA #002
STA BASIS,X
INX
```

```
          LDA #0E9
          STA BASIS,X
          INX
          LDA #020
          STA BASIS,X
          INX
          LDA #029
          STA BASIS,X
          INX
          LDA #03F
          STA BASIS,X
          INX
          LDA #009
          STA BASIS,X
          INX
          LDA #080
          STA BASIS,X
          LDA BANK1          ; BANK 1 aktivieren
          PSH RETURN
          RTS
          .END               ; End of Normal

;-----------------------------------
;   End of Assembly
;-----------------------------------
```

Assemblieren Sie dieses Programm wie üblich und schreiben Sie es unter INVERSEA.CODE auf die Diskette. Das DFUE-Programm muß nach dem Kompilieren dann mit PEEKASS und mit INVERSEA "gelinkt" werden. Bedenken Sie, daß Sie nicht gleichzeitig INVERSE und FLASH auf den Bildschirm bringen sollten. Die INVERSE-Darstellung hat den Nachteil, daß der Cursor sehr schlecht zu finden ist. Deshalb sollte man hiermit sparsam umgehen.

3. Die Cursorsteuerung

Im Deklarationsteil müssen die Kostanten DOWN und UP geändert werden, weil der BASIS 108 eine andere Codierung dieser Tasten besitzt. Es können beide horizontalen Cursor-Tasten für rechts und links benutzt werden:

```
DOWN=138;
UP=139;
```

a) CURSOR:
In der Prozedur CURSOR muß der folgende Teil einige Zeilen hochgehoben werden, so daß er über der Zeile IF Z=27 THEN..... steht:

```
IF Z=DOWN THEN
BEGIN
.....
END;
IF Z=UP THEN
BEGIN
.....
END;
```

b) OUTPUT
Diese Prozedur muß ab READ(G) geändert werden:

```
READ(G);
Z:=ORD(G);
IF Z=136 THEN Z:=LINKS;
IF Z=149 THEN Z:=RECHTS;
IF (Z=LINKS) OR (Z=RECHTS) OR (Z=UP) OR (Z=DOWN) OR (Z=27)
THEN CURSOR
ELSE
......
```

4. Linefeed und Carriage Return am Ende einer Zeile

Der folgende Befehl FOR I:=1 to 120 DO WRITE('A'); führt beim Apple dazu, daß 80 Zeichen "A" gedruckt werden und daß dann ein "Linefeed" und "Carriage Return" ausgeführt wird, ehe die restlichen 40 "A" ausgegeben werden. Beim BASIS 108 erfolgt kein "Linefeed" und "Carriage Return". Es müssen 3 Prozeduren geändert und eine neu geschrieben werden. Es muß die Variable ZAEHL vom Typ INTEGER eingeführt werden.

a) Die neue Prozedur soll ein "Carriage Return" und ein "Linefeed" einbringen.

```
PROCEDURE CARRIAGE;
BEGIN
   IF (ZAEHL MOD 80 =0) AND (ZAEHL>0) AND
   (ZAEHL<SCREENTOP) THEN WRITELN;
   ZAEHL:=ZAEHL+1;
END;
```

b) BILDSCHIRMLOESCHEN
Diese Prozedur enthält drei Schleifen zum Bildschirmlöschen. Hinter jedem BEGIN ist CARRIAGE; einzufügen. Am Anfang der Prozedur muß ZAEHL:=0; gesetzt werden.

c) VERFIFY1
Hinter LINE:=PEEK(YSPEICHER); muß CARRIAGE; eingefügt werden. Die nächste Zeile wird in
IF ZAEHL MOD 80 =0 THEN LINE:=LINE+1;
geändert.

d) VERIFY
Vor dem ersten VERIFY1 muß ZAEHL:=0; eingefügt werden.

23 Mögliche Ergänzungen

Jeder Anwender wird individuelle Bedürfnisse haben, z.B. müssen die Druckausgaben verschiedenen Formularen genügen. Dies kann daher nicht generell gelöst werden. Ich möchte hier zwei Punkte ansprechen: die variable Einstellung der Übertragungsrate und das Interrupt-Problem in Pascal.

23.1 Übertragungsgeschwindigkeiten

Die Übertragungsgeschwindigkeit soll per Software eingestellt werden. Hierzu soll mit #Ä die Prozedur BAUD aufgerufen werden. In der Prozedur FUNKTIONEN muß am Ende 'Ä':BAUD; eingefügt werden und oberhalb dieser Prozedur BAUD definiert werden.

```
PROCEDURE BAUD;
BEGIN
   TOP2;
   WRITELN('Einstellung der variablen Übertragungsrate');
   WRITELN;
   WRITELN('Bitte wählen Sie:');
   WRITELN('-----------------');
   WRITELN('A -   75 Bd          G - 2400 Bd');
   WRITELN('B -  150 Bd          H - 3600 Bd');
   WRITELN('C -  300 Bd          I - 4800 Bd');
   WRITELN;
   WRITELN('D -  600 Bd          J - 7200 Bd');
   WRITELN('E - 1200 Bd          K - 9600 Bd');
   WRITELN('F - 1800 Bd          L -19200 Bd');
   REPEAT
      GOTOXY(0,20);
      WRITE('===> ');
      READ(C);
```

```
      IF ORD(C)>74 THEN C:=CHR(ORD(C)-32);
   UNTIL (C>='A') AND (C<='L');
   CASE C OF 'A':POKE(CONTROL,CHR(178));
             'B':POKE(CONTROL,CHR(180));
             'C':POKE(CONTROL,CHR(182));
             'D':POKE(CONTROL,CHR(183));
             'E':POKE(CONTROL,CHR(184));
             'F':POKE(CONTROL,CHR(185));
             'G':POKE(CONTROL,CHR(186));
             'H':POKE(CONTROL,CHR(187));
             'I':POKE(CONTROL,CHR(188));
             'J':POKE(CONTROL,CHR(189));
             'K':POKE(CONTROL,CHR(190));
             'L':POKE(CONTROL,CHR(191));
   END;
END;
```

23.2 Interrupts

Das bisher besprochene Programm hat zwei gewollte Eigenschaften:

- empfangene Daten werden unterdrückt, solange Daten gesendet werden.
- während der Laufwerkfunktionen SAVE, LOAD und ERASE können ebenfalls empfangene Daten nicht verarbeitet werden.

Kurz gesagt, empfangene Daten lösen zwar einen Interrupt aus, dieser wird jedoch nicht beachtet. Möchte der Benutzer den empfangenen Daten absoluten Vorrang einräumen, so muß dieser Interrupt beachtet werden. Der Rechner soll folgende Punkte befolgen:

1. Empfangene Daten müssen ein Unterbrechungs-Flag-Register setzen.
2. Der Computer muß dann an einer bestimmten Stelle ($FFFE und $FFFF) nachschauen, wohin er springen muß, um ein bestimm-

tes Interrupt-Programm abzuarbeiten.
3. Der Computer muß die momentanen Adressen des Pascal-Programms retten.
4. Er springt zum Interrupt-Programm und arbeitet es ab.
5. Er löscht das Unterbrechungs-Flag.
6. Er springt in das Pascal-Programm zurück und setzt seine begonnene Tätigkeit fort.

Es soll der Einfachheit nicht beachtet werden, daß auch andere Interrupts als durch die empfangenen Daten möglich sind. Das folgende Assembler-Programm erfüllt alle gestellten Anforderungen. Das eigentliche Interrupt-Programm ist noch freigelassen.

```
;-------------------------------------------
;    Interrupts                 ** SLOT 2 **
;-------------------------------------------

         .MACRO POP      ; Pascal-Startadresse
         PLA
         STA %1
         PLA
         STA %1+1
         .ENDM
         .MACRO PSH      ; Pascal-Rücksprung
         LDA %1 +1
         PHA
         LDA %1
         PHA
         .ENDM

;----------------------------------------------
; Vereinbarung von Adressen und Konstanten
;----------------------------------------------
```

```
RETURN .EQU 0
IRQV   .EQU 0FFFE          ; Interruptvektor
ACIA   .EQU 0C0A0          ; ACIA-Basisadresse
DATA   .EQU ACIA
STATUS .EQU ACIA+1         ; STATUS enthält das IRQ-Flag Bit 7
                           ; wird durch Lesen von DATA gelöscht

;-----------------------------------------------
; Festlegung der Anfangsbedingungen
;-----------------------------------------------

         .PROC INTERR
         POP RETURN
         CLD               ; Setze sicherheitshalber Binärmode
         SEI               ; Lass jetzt keinen Interrupt zu
         LDA DATA          ; Lösche IRQ-Flag Bit 7 in STATUS

;------------------------------------------
; Vorbereitung des  Interrupt-Teils
;------------------------------------------

         LDA IRQHNDLR      ; Packe Startadresse von
                           ; IRQPROG in IRQV
         STA IRQV          ; 2 Byte-Adresse
         LDA IRQHNDLR+1    ; bei jedem Interrupt springt das
         STA IRQV+1        ; Programm an diese Adresse
         CLI               ; Lasse jetzt wieder Interrupts zu
         PSH RETURN
         RTS

IRQHNDLR .WORD IRQPROG     ; Pascal sucht selbst freie Adresse

;------------------------------------------
; Interrupt-Teil
;------------------------------------------
```

```
IRQPROG  PHA
         TYA
         PHA
         TXA
         PHA
         LDA DATA        ; Lösche Unterbrechungs-
                         ; Flag-Register Bit 1 in IFR
         ...
         ...             ; Interrupt-Programm
         ...
         PLA             ; Akku, x- und y-Register werden
         TAX             ; wieder vom Stack genommen (PLA!)
         PLA
         TAY
         PLA
         RTI             ; Rückkehr vom Interrupt

         .END            ; End of INTERR
```

Dieses Assembler-Programm ist ausführlich dokumentiert. In Assembler ist es möglich, dem System zu überlassen, wo es eine bestimmte Adresse ablagern möchte. Dies geschieht durch .WORD. Der Anfang des Interrupt-Programms liegt bei dem Label IRQPROG. Die Adresse dieses Labels wird IRQHNDLR zugeordnet und vom System festgelegt. Diese Adresse wird am Anfang des Programms in den INTERRUPTVEKTOR abgelegt, der bei $FFFE und $FFFF liegt. Kommt ein Interrupt vor, so schaut das System in $FFFE und $FFFF nach, wo der Programm-"Pointer" hinzeigen soll.

Das empfangene Zeichen befindet sich im Akku, die Interrupt-Flag Bit 7 ist gelöscht, und der Benutzer kann jetzt das Zeichen entsprechend seinen Wünschen weiterverarbeiten. Es sei jedoch darauf hingewiesen, daß bei Benutzung einer 80-Zeichen-Karte die Weiterverarbeitung große Schwierigkeiten machen kann. Deshalb wurde im Hauptprogramm auch auf Interrupts verzichtet.

Wird nur die 40-Zeichen-Darstellung benutzt, so kann das Zeichen direkt in den Bildschirmspeicher geschrieben werden. In diesem Fall kann natürlich auf den gesamten Bildschirm-Editor (sehe Kapitel 11) verzichtet werden.

Im Pascal-Programm muß INTERR deklariert und einmal am Anfang zum Setzen des INTERRUPTVEKTORS aufgerufen werden:

```
PROCEDURE INTERR;EXTERNAL;

BEGIN
.......
INTERR;
.......
END.
```

Anhang

Postbestimmungen

Das Zentralamt für Zulassungen im Fernmeldewesen in Saarbrücken hat mir freundlicherweise ausführliche Erläuterungen zur Benutzung selbstgebauter Akustik-Koppler geschickt. Hierfür möchte ich mich bei Herrn Arndt bedanken. Die entsprechenden Regelungen finden sich im §8 der Fernmeldeordnung und im §15 der Technischen Verwaltungsanweisung. Hiernach ergibt sich:

- Der Eigenbau von Geräten ist grundsätzlich erlaubt.
- Diese Geräte dürfen nur dann benutzt werden, wenn sie von der DBP zugelassen werden.
- Alle Geräte, die die technischen und benutzungsrechtlichen Bedingungen erfüllen, werden zugelassen.
- Die Zulassung ist kostenpflichtig.

Zugelassene Geräte erhalten eine Nummer, die mit FTZ, ZZF oder DBP beginnt. Die Richtlinien können unter folgender Adresse bezogen werden:

Fernmeldetechnisches Zentralamt
D 43-DrV
Postfach 50 00
6100 Darmstadt.

Akustik-Koppler fallen unter diese Richtlinien, weil sie als Zusatzeinrichtung gelten: " Als elektrisch verbunden gelten Zusatzeinrichtungen, die dauernd oder vorübergehend galvanisch, induktiv, kapazitiv oder elektroakustisch mit der Fernmeldeeinrichtung gekoppelt sind." Die Richtlinien für Akustik-Koppler finden sich unter der Nummer FTZ 18 R 13. Zusätzlich gelten die Richtlinien FTZ 18 R 1 und FTZ 12 R 20. Ein Selbstbau-Gerät erhält nach erfolgreicher Prüfung eine Einzelzulassung. Der Antragsteller muß erklären, daß das Gerät den

VDE-Bestimmungen entspricht. Der Antrag muß an das

Zentralamt für Zulassungen im Fernmeldewesen
Talstr. 34 - 42
Postfach 30 50
6600 Saarbrücken

gerichtet werden. Beizufügen sind:
- Name und Anschrift des Antragstellers
- Bezeichnung der Einrichtung (Akustik-Koppler)
- Kurzbeschreibung des Verwendungszwecks (Datenfernübertragung)
- Art der gewünschten Zulassung (Einzelzulassung)
- Verpflichtung, die Kosten zu übernehmen
- Erklärung über Einstrahlstörfestigkeit nach FTZ 12 R 20
- Erklärung zu den VDE-Bestimmungen
- Schaltbild
- Prüfmuster (Einzelstück).

Die Kosten betragen ca. 100,- DM pro Stunde bei serienmäßig hergestellten Geräten. Bei Einzelgeräten kommt die DBP dem Kunden entgegen.

Es ist gar nicht so einfach, eine ZZF-Nummer zu bekommen....

Datenbanken

Die folgenden Angaben über Datenbanken wurden von mir nicht überprüft. Ich habe die Angaben diversen Zeitschriften entnommen, die Ende 1984/Anfang 1985 erschienen sind. Stark im Entstehen sind sogenannte Mailboxen, die wie ein Briefkasten für Mitteilungen zwischen den Benutzern wirken. In allen Fällen - ob Datenbank oder Mailbox - muß eine Benutzernummer beantragt werden, die u.U. mit Kosten verbunden ist.

Bei allen Banken muß ein Protokoll beachtet werden. Hierzu gehören Übertragungsgeschwindigkeit (meistens 300 Bd), Daten- und Stop-Bits, "Timeout" (meistens 60 s, nachdem kein Zeichen mehr empfangen wurde) und Abschlußzeichen (in dem Programm dieses Buches Ctrl C). Bedenken Sie, daß Telefonkosten schnell ansteigen und lange Texte andere Benutzer häufig aussperren!

Viele Mailboxen und alle Datenbanken liefern einen durch Menükarten unterstützten Dialogbetrieb, so daß man nach einigen Versuchen relativ leicht mit dem System klarkommt.

Mailboxen	
Radio Schossau	02 01 / 23 73 96
Wuppertal Box	02 02 / 44 12 36
W.M.S.	02 02 / 44 82 04
Vollrath	02 09 / 27 16 66
EDV	02 11 / 32 82 49
Software Express	02 11 / 41 45 79
Epson	02 11 / 59 34 53
Möllenbeck	02 151 / 20 13 0
awischa	02 151 / 77 92 43
C64-Box	02 151 / 80 13 39

Symic	02 161 / 20 09 28
Computer Center B.Gladb.	02 202 / 50 03 3
Saturn	02 21 / 16 16 28 4
WDR Computer-Club	02 21 / 37 10 76
IBM 370	02 31 / 75 52 54 1
Mailbox Dortmund	02 31 / 17 04 14
Mythos	02 31 / 77 96 20
Kobra	02 33 1 / 16 40 1
Sharp	02 38 3 / 50 86 6
TU Aachen	02 41 / 81 08 1
Esprit	02 84 1 / 66 24 1
TIC Berlin	03 0 / 71 15 07 8
Mailbox Berlin	03 0 / 30 52 63 5
TU Berlin	03 0 / 31 47 30
Universität Hamburg	04 0 / 41 23 30 98
MCS	04 0 / 65 23 48 6
CompuMail	04 0 / 51 18 53 1
Wang	04 10 1 / 23 78 9
Universität Kiel	04 31 / 88 04 55 6
NCS	04 34 8 / 75 13
Taunus	06 08 1 / 96 77
Otis	06 18 1 / 48 88 4
Saarland Box	06 82 6 / 22 34
und	06 82 6 / 63 44
A.U.G.E Apple User Group	06 9 / 49 42 91
Tecos	06 9 / 81 67 87
Elias	07 03 1 / 27 82 96
Pluto	07 11 / 51 90 08
Tedas	08 9 / 59 64 22
und	08 9 / 59 84 23
Info Control	08 9 / 13 25 35
Cyper	08 9 / 28 03 10
Smurf	09 11 / 57 41 80

Datenbanken

INKA, Informationssystem Karlsruhe
Kernforschungszentrum (Technik)
7514 Eggenstein-Leopoldshafen 2 Tel 07 24 7 / 82 - 45 66

DIMDI (medizinische Informationen)
Postfach 42 05 80
5000 Köln 41 Tel 02 21 / 47 24 - 1

GID (Technik)
Postfach 71 03 70
6000 Frankfurt 71 Tel 06 9 / 66 87 - 1

FIZ (Technik)
Postfach 60 05 47
6000 Frankfurt 60 Tel 06 9 / 43 08 - 1

Datex-P-20

Beim zuständigen Fernmeldeamt kann ein Antrag auf Zuteilung einer Teilnehmerkennung Datex-P-20 gestellt werden. Daraufhin erhält man nach einiger Zeit die Kennung und ein Paßwort.

Essen	02 01 / 78 70 51	Bielefeld	05 21 / 59 01 1
Düsseldorf	02 11 / 32 93 18	Mannheim	06 21 / 39 93 1
Köln	02 21 / 29 11	Saarbrücken	06 81 / 81 00 11
Dortmund	02 31 / 57 01 1	Frankfurt	06 9 / 20 28 1
Berlin	03 0 / 24 00 01	Stuttgart	07 11 / 29 91 71
Hamburg	04 0 / 44 12 31	Karlsruhe	07 21 / 60 24 1
Bremen	04 21 / 31 01 31	Augsburg	08 21 / 46 40 11
Hannover	05 11 / 32 66 51	München	08 9 / 22 87 30
		Nürnberg	09 11 / 20 57 1

Literaturhinweise

Pascal-Bücher:

Erbs, Stolz: Einführung in die Programmierung mit Pascal. B.G. Teubner, ISBN 3-519-12506-4

Rüdeger Baumann: Programmieren mit Pascal. Chip-Wissen, Vogel-Verlag, ISBN 3-8023-0667-8

Schauer: Pascal für Anfänger. R. Oldenbourg Verlag, ISBN 3-486-20232-4

Jensen und Wirth: User Manual and Report. Springer-Verlag, ISBN 3-540-90144-2 (nur für Fortgeschrittene)

Becker, Lamprecht: Einführung in die Programmiersprache PASCAL. Friedr. Vieweg & Sohn, ISBN 3-528-13346-5

Harry Feldmann: Einführung in PASCAL. Friedr. Vieweg & Sohn, ISBN 3-528-03342-8

Ekkehard Kaier: Pascal-Wegweiser für Apple IIe. Friedr. Vieweg & Sohn, ISBN 3-528-04260-5

Wolfgang Schneider: Einführung in PASCAL. Friedr. Vieweg & Sohn, ISBN 3-528-04320-2

Daten-Fern-Übertragung:

Hurth: Das Modembuch. Hurth-Verlag, Vertrieb: Scientific-Market, Kottbusser Damm 29 / 30, 1000 Berlin 61

Welzel: Datenfernübertragung. Verlag Vieweg 1985

Das Modem-Sonderheft Nr. 87, Datenübertragung mit Mikrocomputern, MC-Zeitschrift, Franzis-Verlag

DFÜ per Modem, MC-Zeitschrift, Januar 1985, Franzis-Verlag

Alles über Akustik-Koppler, Chip-Zeitschrift Februar 1985, Chip-Verlag

World-Chip Am 7910:

Preliminary Data, Advanced Micro Devices, USA (deutsche Adresse: Advanced Micro Devices GmbH, Rosenheimer Str. 139, 8000 München 80)

Verzeichnis der Programme

Diese Text-Files und ihre zugehörigen Code-Files befinden sich auf der Diskette, die zu diesem Buch erworben werden kann.

Pascal-Programme	Assembler-Programme	Hilfs-Dateien
PEEKPOKE	PEEKASS	
DFUE1		TASTEN
DFUE2		INFO
AP91		
AP92		
BASIS1	INVERSEA	
BASIS2		

Sachwortverzeichnis

Dieses Verzeichnis enthält nicht die Sachwörter, die in den graphischen Darstellungen oder in den Programmen vorkommen.